Fátima

y

los Primeros Sábados

por First Saturdays for Peace

Diseño de portada:

La imagen de Nuestra Señora de Fátima se utiliza con el permiso de las Monjas Dominicas del Rosario Perpetuo en Fátima, Portugal.

Email:

info@primerossabados.org

info@communalfirstsaturdays.org

www.PrimerosSabados.org

www.CommunalFirstSaturdays.org

ISBN:

978-1-951233-09-9

En reparación por los pecados cometidos al Inmaculado Corazón de María

Fátima y los Primeros Sábados

Índice

Introducción

Cuando Nuestra Señora se apareció en Fátima por primera vez el 13 de mayo de 1917, el mundo estaba en medio de la Primera Guerra Mundial. Poco después se experimentó una guerra aún mayor como Nuestra Señora lo predijo, la Segunda Guerra Mundial. Pero esa guerra parece haberse quedado en un pasado lejano para la mayoría de las personas, ya que el mundo está más dividido que nunca, incluso con divisiones dentro de un mismo país. Las guerras y el terrorismo se han convertido en la nueva normalidad. Estas situaciones políticas se han acogido fácilmente, lo que solo nos está acercando cada vez más a la Tercera Guerra Mundial. Incluso la religión y las personas religiosas están muy divididas. Un mayor número de personas se ha alejado de Dios y de la práctica de la religión. Al mismo tiempo, la familia sufre y está siendo atacada con campañas a favor de la anticoncepción, el aborto, el divorcio, la desvalorización del significado del matrimonio, la educación ideológica, las leyes corruptas y la secularización del estado. ¿Hay alguna esperanza para el mundo? ¿Será demasiado tarde para cambiar el rumbo de la historia? ¿Continuará desplomándose la naturaleza humana ya decaída hasta que todo haya terminado? Está claro que la humanidad es incapaz de salvarse a sí misma y que solo Dios puede salvarla en esta vida como en la vida eterna.

Por otro lado, estamos pasando por alto el problema real. Un gran porcentaje de las personas que asisten a Misa y que reciben la Sagrada Comunión, no creen en la Presencia Real de Jesucristo, en su Cuerpo, Sangre, Alma y Divinidad presentes en la Sagrada Eucaristía. Esos errores en la fe son devastadores para la Iglesia. Pero incluso antes de que esta situación se hiciera tan manifiesta, ya había otro problema, a saber, que muchas personas carecen de la correcta disposición para recibir la Sagrada Eucaristía. Este problema es el que lidera todos los demás problemas de la Iglesia. Los problemas del mundo son un reflejo de los problemas de la Iglesia, y los problemas dentro de la Iglesia son un reflejo de los problemas en la recepción de la Sagrada Comunión. La preparación y disposición de los fieles determina el grado en que recibirán la gracia santificante del Santísimo Sacramento. Si uno no está dispuesto adecuadamente para recibir al Señor, o lo hace indignamente, el estado de su alma puede estar peor que antes ya que bebe su propia condenación (cf. 1 Cor. 11, 27-30).

El flujo de la gracia y la verdad de la Sagrada Eucaristía tiene un efecto no solo en la Iglesia Católica sino también en el mundo entero. El flujo adecuado de la gracia convertirá a la cultura secular en una cultura Católica, así como una vez la gracia y la verdad convirtieron el paganismo en una cultura Católica. En 1917, Nuestra Señora vino a mostrarnos la forma especial en que la práctica del mensaje de Fátima puede llevar el flujo de la gracia de la Sagrada Eucaristía a los fieles en mayor medida; por consiguiente, al mundo. Este aumento de la gracia de Jesús en la Sagrada Eucaristía puede permitirnos triunfar sobre los poderes del maligno. En este libro veremos cómo Nuestra Señora tiene un papel esencial para hacer esto posible.

Por supuesto que reconocemos el hecho de que Dios ha proporcionado una solución para la humanidad en decadencia: Dios Padre envió a Su Hijo unigénito al mundo, el cual se hizo hombre como nosotros. Como dice el Evangelio, «Y el Verbo se hizo carne» (Jn. 1, 14). Jesús, el Verbo, vino a morar entre los seres humanos y a dar su vida por la salvación de muchos, ya que sólo Jesús pudo pagar el precio por los pecados de toda la humanidad. Cuando aún éramos sus enemigos, Él murió por nosotros y, en este sacrificio, Él reveló Su incomprensible misericordia y amor por nosotros. Sin embargo, Jesús también resucitó de entre los muertos y ascendió a la diestra del Padre. Jesús nos ha dejado Su verdad, la palabra de Dios que se transmite en el Depósito de la Fe. Desde el Cielo, Jesús derrama misericordiosamente el Espíritu Santo que Se nos da a través de los Sacramentos para nuestra santificación y salvación. Nosotros podemos vivir de nuevo todos estos Misterios al participar en la Liturgia para después vivirlos en el mundo. Si este es el caso, entonces ¿por qué tendríamos que hablar sobre Fátima? Parece que tenemos todo lo que necesitamos para ser salvos. Por otro lado, si tenemos todo lo que necesitamos, ¿por qué el mundo se está alejando de Cristo y del amor a Dios y al prójimo?

Ya tenemos todo lo que necesitamos para nuestra salvación y santificación sin la necesidad de revelaciones privadas. En Jesús todo se revela. Las revelaciones privadas no agregan nada a lo que Dios ha revelado en Jesucristo. Los santos han caminado entre nosotros desde la época de Cristo sin las revelaciones privadas del siglo XX. Sin embargo, no decimos que no necesitamos predicadores, aunque un predicador no puede agregar nada a la Revelación Pública. Tampoco decimos que el Papa no deba escribir una encíclica porque no aporta nada a la Revelación Pública de Cristo (Depósito de la Fe) que terminó con la muerte del último Apóstol. Por el contrario, el predicador Católico y especialmente el Papa, quien tiene las llaves del Cielo, pueden ser de gran ayuda para comunicar y clarificar nuestra Fe. Aunque no añaden nada a la Fe, pueden contribuir a nuestra correcta comprensión de la misma. También pueden hacer más explícito lo que ya está contenido implícitamente en la Revelación Pública. Las revelaciones privadas auténticas pueden ser de gran ayuda para nuestra Fe y para nuestra práctica de la Fe (cf. Cardenal Joseph Ratzinger, *El Mensaje de Fátima*, vatican.va). En cierto modo, si bien una revelación privada auténtica no agrega nada al Depósito de la Fe, sí puede contribuir a nuestro conocimiento de la Fe de manera más inspiradora.

Una revelación privada auténtica y aprobada también puede ser de gran ayuda en momentos particulares de la historia y de nuestro propio tiempo; además, puede orientarnos para tomar la dirección correcta. De hecho, a medida que el mundo está cada vez más en tinieblas, resulta más difícil entender qué es lo que puede remediar esta situación. Generalmente, entre más grave es una enfermedad, más fuerte es el medicamento que se requiere. Este medicamento que tiene que ser más fuerte, puede ser simplemente una combinación de medicinas que ya tenemos. Ahora bien, consideremos la enorme cantidad de enseñanza escrita de la Iglesia sobre nuestra Fe Católica. Es ahí donde podemos aprender sobre los diversos medicamentos para el alma. Con estas enseñanzas y con la ayuda del Magisterio, podemos confirmar lo que creemos. Pero es tan vasto todo el conocimiento de nuestra Fe, que no podemos comprenderlo totalmente, o podemos estar limitados en nuestra capacidad para encontrar allí los remedios que necesitaremos o incluso los que necesitamos en este momento. ¿Dónde podremos encontrar en nuestra Fe Católica lo que nos proporcionará una «medicina» más efectiva? Es recomendable buscar y aprender más sobre esto en el mensaje de

Fátima, puesto que cuenta con la aprobación oficial de la Iglesia y contiene lo que ya ha sido revelado en la Revelación Pública. La Iglesia le ha puesto particular atención al mensaje de Fátima más que a cualquier otra revelación privada.

Debe de haber sido difícil identificar cuál sería esta medicina más potente antes de que ocurrieran las apariciones de Fátima. Al menos no hubiéramos pensado en combinar las diferentes prácticas de los *Primeros Sábados*, que es en lo que consiste este potente remedio. Aún así, la mayoría de la gente continúa pasando por alto la gran sabiduría de los *Primeros Sábados*. Además, San Juan Pablo II dijo que el mensaje de Fátima es aún más relevante hoy que cuando se nos dio.

Gracias a su amor maternal, Nuestra Señora en Fátima nos ofreció un período de paz y la salvación de las almas si hacemos lo que ella nos pide (13 de julio de 1917). Podremos pasar miles de horas tratando de traer la paz al mundo sin la ayuda de Dios, pero nuestros esfuerzos conseguirán muy pocos resultados. Creemos conocer el camino que conduce a la paz, pero probablemente no es así, puesto que es sólo Dios quien nos ofrece el camino a través de Nuestra Señora, y será ella quien traerá la paz al mundo tomando elementos del Depósito de la Fe para combinarlos en un remedio extraordinario. Aún así, Dios sigue siendo ignorado. Nosotros los seres humanos, así como se lee en los Evangelios, podemos ser muy lentos para comprender la verdad si es que alguna vez lo hacemos. Podemos pensar que somos inteligentes, pero a veces ni siquiera vemos lo que está frente a nuestros ojos. Esto también nos recuerda que el camino hacia la paz y la salvación es una cuestión de misericordia y de la gracia de Dios. Con la misericordia y la gracia de Dios, nuestros ojos se pueden abrir. Sin embargo, ¿cuándo llegará el momento en que se abrirán los ojos de la humanidad?

También es importante que el mensaje de Fátima esté interpretado correctamente. Algunas malas interpretaciones del mensaje pueden conducir al error. Así como necesitamos la ayuda de la Iglesia para comprender la Revelación Pública, en este libro también nos confiamos a la ayuda de la Iglesia para comprender adecuadamente el mensaje de Fátima.

Para entender el plan de paz del Cielo, consideraremos los textos originales escritos por la Hermana Lucía que mencionan los primeros signos que ayudaron a los niños a prepararse para lo que vendría. Luego tomaremos en cuenta las tres apariciones del Ángel, las seis apariciones de Nuestra Señora en Fátima, y otras tres apariciones de Nuestro Señor a la Hermana Lucía después de que ella ingresó al convento, en donde en dos de ellas también aparece Nuestra Señora. Finalmente, recordaremos algunos de los textos que se publicaron más tarde y que relatan locuciones de Jesús a Hermana Lucía, así como escritos con sus propias reflexiones. Hay comentarios del autor en varios párrafos para una mejor comprensión de las reflexiones. Intentaremos también explicar el significado de cada visita de Nuestra Señora y la de su Hijo Jesús, así como el significado de Sus locuciones. También intentaremos mostrar la sabiduría de Dios en cada visita y en cada locución en relación al mensaje en su conjunto.

Cuando sea posible, trataremos de mostrar cómo los textos se relacionan y están relacionados con la devoción de los *Primeros Sábados* solicitada por Nuestra Señora en reparación por los pecados contra el Inmaculado Corazón de María. Este libro también intenta concientizar la gran importancia de los *Primeros Sábados* para lograr la paz en el mundo y la salvación de las almas dentro del contexto del mensaje de Fátima. Además, mostraremos la ventaja de hacer los *Primeros Sábados* en forma comunitaria, así como se llevan a cabo en *Los Primeros Sábados Comunitarios*™. Este último es un programa específico, aprobado de acuerdo al derecho canónico y litúrgico de la Iglesia. Cuando corresponda, también mostraremos cómo el relato de la Hermana Lucía apoya la práctica comunitaria de los *Primeros Sábados*, aunque en los mensajes también se permite la práctica privada de los *Primeros Sábados*.

Abordaremos las objeciones a la posición de la Iglesia sobre el mensaje a medida que estas vayan surgiendo. También se incluye un apéndice con las oraciones de Fátima e información sobre cómo rezar el Rosario.

Incluso aquellos que estén familiarizados con las apariciones de Nuestra Señora de Fátima encontrarán nuevas perspectivas sobre el mensaje a lo largo de este libro. Con lo que se avecina en este mundo, se necesita un mejor conocimiento del mensaje de Fátima. Esta mayor comprensión nos ayudará a trabajar juntos por la salvación de las almas y para alcanzar el período de paz como lo prometió Nuestra Señora el 13 de julio de 1917.

Finalmente, el mundo necesita amor, pero sólo encontrará el verdadero amor por medio de esa gracia que viene del Corazón de Jesús a través del Corazón de Su Santísima Madre y del nuestro. Sin embargo, esta idea de la gracia que viene a través del Corazón de María puede parecer inusual para algunos. Algunos pueden preguntarse en dónde se origina tal idea. Otros podrían preguntarse por qué deberíamos tener devoción a Nuestra Señora. ¿Está esto en las Escrituras? Antes de pasar a las apariciones que siguen, será beneficioso comprender brevemente las presuposiciones sobre las cuales se basa este libro.

Sí, podemos ver las Escrituras como un punto de partida para la base de la devoción a Nuestra Señora. Una manera fácil de hacer esto es mirar los Misterios del Rosario y considerar los pasajes de la Escritura de donde provienen. Si se entienden correctamente, estos Misterios son un compendio de toda la Biblia. Cabe señalar que con *Los Primeros Sábados Comunitarios*™ podemos meditar en las Escrituras de las cuales se derivan los Misterios. Esta es una de las formas en que podemos cumplir de manera más fructífera la petición de Nuestra Señora de hacer una meditación separada al rezo de los Misterios del Rosario.

Iniciemos, pues, nuestra breve explicación sobre la proveniencia de la devoción a Nuestra Señora en las Escrituras. Debemos saber por las Escrituras que nadie va al Padre sino a través de Jesús. Antes de que pudiéramos ir al Padre, Él se acercó primero a nosotros enviando a Su Hijo. Aún así, todo comienza con el Padre y todo termina con el Padre. Ésta es una verdad básica que subyace a todos los Misterios del Rosario.

Sin embargo, Jesús también dijo: «Yo soy el Alfa y la Omega, el primero y el último, el principio y el fin» (Ap. 22, 13). Esto es verdad. Esto también indica que Jesús es igual al Padre. Jesús no es una persona humana, sino una Persona Divina con una naturaleza humana completa, junto con una Naturaleza Divina distinta. Entonces, ¿no deberíamos tratar al Padre y al Hijo por igual? Sabemos llegar al

Padre. Entonces, ¿cómo llegamos a Jesús? Podemos comenzar a responder esta pregunta considerando lo siguiente.

Jesús se acercó primero a nosotros al ser enviado por el Padre. ¿Cómo vino a nosotros? Jesús vino a nosotros a través de alguien que pudo recibirlo dignamente: una Virgen Inmaculada. Jesús vino por la Fe y el libre consentimiento de María en su Corazón. Vemos esto en el Evangelio de Lucas, capítulo uno, en la Anunciación del Ángel Gabriel, que es también el primer misterio del Rosario:

> [28] El Ángel entró en su casa y la saludó diciendo: «Alégrate llena de gracia, el Señor está contigo». [29] Al oír estas palabras, ella quedó desconcertada y se preguntaba qué podía significar ese saludo. [30] Pero el Ángel le dijo: «No temas, María, porque Dios te ha favorecido. [31] Concebirás y darás a luz a un hijo, y le pondrás por nombre Jesús; [32] él será grande y será llamado Hijo del Altísimo. El Señor Dios le dará el trono de David, su padre, [33] reinará sobre la casa de Jacob para siempre y su reino no tendrá fin».

Es importante recalcar que es enseñanza oficial de la Iglesia que María y José estuvieran casados al momento de la Anunciación (cf. *Redemptoris Custos*, San Juan Pablo II). A menudo escuchamos que se hace referencia a Nuestra Señora como una madre soltera. Esta afirmación falsa es una ofensa para Nuestra Madre y para el plan de Dios de que la Sagrada Familia sea un modelo para la familia.

A diferencia de otras madres, Nuestra Señora fue informada sobre lo que específicamente estaba consintiendo. Se le habló de la identidad misma de su Hijo y de lo que iba a lograr. A María se le dijo que sería llamado Hijo del Altísimo y que Él cumpliría la promesa hecha a David. A Nuestra Señora también se le dijo que Jesús recibiría el trono de David y que reinaría sobre Su Reino para siempre (cf. Lc 1, 30-33). Por lo tanto, a Nuestra Señora se le pidió su consentimiento para el reinado eterno de Cristo en su totalidad, siendo Él la Cabeza y la Iglesia su Cuerpo místico. Ella es la Madre del Señor, como luego exclamó Isabel, y la Madre de todos nosotros, llamados al reino de Dios. A través de su Fe y de su libre consentimiento, toda la gracia vino al mundo en la Persona de Jesucristo Quien es Dios.

Más tarde, Jesús proclamó esta Maternidad Espiritual de María desde la Cruz, «Aquí tienes a tu madre» (Jn. 19, 27). Además, Jesús nos enseñó a honrar a nuestros padres. Jesús reprendió a los fariseos por pensar que la religión les daba una excusa para no honrar a sus padres (Mc. 7, 9-13). Estamos en deuda con ellos porque nos dieron la vida. Más aún, estamos en deuda con María por llevarnos a la vida espiritual mediante la cual podemos ser felices para siempre. Nuestra deuda con nuestra Madre espiritual es mucho mayor que nuestra deuda con nuestra madre física, y es una cuestión de justicia y de amor. Entonces, no debería sorprendernos cuando Nuestra Señora le dijo a Isabel: «Todas las generaciones me llamarán bienaventurada» (Lc. 1, 48).

Aquí podemos ver cómo Jesús vino a nosotros a través de Su Madre, porque ella dio su consentimiento en nuestro nombre. María es el medio por el cual Jesús vino a nosotros. La misma manera en que Él vino a nosotros también es la mejor manera de que nosotros lleguemos hacia Él. María desea unirnos a su Hijo y, a través del Hijo, llegar al Padre. Necesitamos que Nuestra Señora interceda por nosotros como lo hizo en las Bodas de Caná, que es también un Misterio del Rosario.

Dado que María y su esposo eran vírgenes, María preguntó cómo podría suceder la concepción.

[35] El Ángel le respondió:

"El Espíritu Santo descenderá sobre ti y el poder del Altísimo te cubrirá con su sombra. Por eso el niño será Santo y será llamado Hijo de Dios.

[36] También tu parienta Isabel concibió un hijo a pesar de su vejez, y la que era considerada estéril, ya se encuentra en su sexto mes, [37] porque no hay nada imposible para Dios». [38] María dijo entonces: «Yo soy la servidora del Señor, que se cumpla en mí lo que has dicho». Y el Ángel se alejó.

En estas últimas palabras, María expresó el consentimiento que dio por primera vez en su Corazón. Como dijo San Agustín, «María concibió a Cristo por la fe en su corazón antes que concebirlo físicamente en su cuerpo».

Además, San Lucas usa explícitamente en su narrativa el término corazón con respecto a María. San Lucas nos muestra a María reflexionando y guardando todas estas cosas en su Corazón después del relato de la Natividad y después el Hallazgo del Niño Jesús en el Templo, que son también dos Misterios del Rosario.

En la visita a su prima Isabel, después de la Anunciación, Isabel se llenó del Espíritu Santo al oír la voz de María. ¿Qué fue lo que el Espíritu Santo le inspiró decir a Isabel? ¿Será que el Espíritu Santo también nos inspira de esta manera? Isabel dijo:

> ¡Tú eres bendita entre todas las mujeres y bendito es el fruto de tu vientre! [43] ¿Quién soy yo, para que la madre de mi Señor venga a visitarme? [44] Apenas oí tu saludo, el niño saltó de alegría en mi seno. [45] Feliz de ti por haber creído que se cumplirá lo que te fue anunciado de parte del Señor (Lc. 1, 24-25).

Cualquier persona que desee orar en el Espíritu Santo honrará a María, así como Él lo hizo a través de Isabel. Entonces, si conocemos las Escrituras, el Rosario puede recordarnos lo que necesitamos saber sobre Nuestra Señora y mucho más. De hecho, nosotros apenas estamos empezando a aprovechar las riquezas contenidas en la Palabra de Dios. Ahora veamos lo que el Señor quiere decirnos en el mensaje de Fátima y sobre la gran importancia de la devoción de los *Primeros Sábados* en ese mensaje.

Fátima y los Primeros Sábados

El Mensaje de Fátima en las Palabras de Lucía

Con Comentario

Hay múltiples traducciones del texto original en portugués de las Memorias de Lucía con respecto al mensaje de Fátima. Las citas en este libro son las traducciones aprobadas. Para obtener una descripción completa de las apariciones y de algún otro material autobiográfico en formato de libro, favor de consultar "Memorias de la Hermana Lucía: Volumen I", Compilación del P. Luis Kondor, SVD. A menos que se indique lo contrario, el texto citado en esta obra es de ese mismo libro, páginas 168-196. El único cambio realizado es el uso de español latino.

Apariciones en 1915

Memorias de la Hermana Lucía

Por lo que puedo más o menos calcular, me parece que fue en 1915 cuando se nos dio esa primera aparición que juzgo fue la del Ángel [...]. Al llegar el mediodía, comimos nuestra merienda, y después invité a mis compañeras a que rezasen conmigo el Rosario, a lo que ellas se unieron con gusto. Apenas habíamos comenzado, cuando, delante de nuestros ojos, vimos, como suspendida en el aire, sobre el arbolado, una figura como si fuera una estatua de nieve que los rayos del sol volvían como transparente [...]. En días diferentes, se repitió dos veces más.

Comentario

Hay que tener en cuenta que las apariciones aún no presentan a una persona en particular, ya sea humana o angelical. Más bien, hay una representación de una persona en forma humana. La forma está suspendida en el aire por encima de los árboles. Nuestra Señora aparecería más adelante sobre una encina. Esta aparición ayudó a preparar a Lucía para las futuras apariciones del Ángel y de Nuestra Señora. Francisco y Jacinta no estuvieron presentes en esta ocasión, pero estarían presentes en las siguientes tres apariciones del Ángel y en las apariciones de Nuestra Señora en Fátima. Sin embargo, algunos otros niños estuvieron presentes en esta ocasión. Además, es interesante el hecho de que estos niños estaban a punto de rezar el Rosario, mientras que, en la mayoría de las apariciones, los niños de Fátima ya han terminado sus oraciones.

Apariciones del Ángel en 1916

La Primera Aparición

Memorias de la Hermana Lucía

Me parece, no obstante, que debía ser en la primavera de 1916 cuando el Ángel se nos apareció por primera vez en nuestra roca del Cabezo… Después de merendar y rezar allí, empezamos viendo a cierta distancia, sobre los árboles que se extendían en dirección al naciente, una luz más blanca que la nieve, con la forma de un joven, transparente, más brillante que un cristal atravesado por los rayos de sol. A medida que se aproximaba íbamos distinguiéndole las facciones. Estábamos sorprendidos y medio absortos. No decíamos ni palabra.

Al llegar junto a nosotros, dijo:

—¡No teman! Yo soy el Ángel de la Paz. Oren conmigo».

Y arrodillándose en tierra, dobló la frente hasta el suelo. Transportados por un movimiento sobrenatural, le imitamos y repetimos las palabras que le oímos pronunciar:

—Dios mío, yo creo, adoro, espero y te amo. Te pido perdón por los que no creen, no adoran, no esperan y no os aman.

Después de repetir esto por tres veces, se levantó y dijo:

—¡Oren así! Los Corazones de Jesús y de María están atentos a la voz de sus súplicas. Y desapareció.

Comentario

La aparición parece comenzar de manera similar al año anterior, pero no se describe como una nube. Entonces la forma humana se acerca y se convierte en algo muy distinto. La figura se identifica a sí misma como el Ángel de la Paz. En medio de la Primera Guerra Mundial, el Ángel llega como un heraldo de paz. Esto marca la pauta para todo el mensaje de Fátima, que ofrece paz.

El Ángel invitó a los niños a rezar con él. El mensaje de Fátima nos invita a orar no solo individualmente sino también en comunidad como vemos aquí y también en apariciones posteriores. Más adelante, cuando Nuestra Señora viene a pedir la devoción de los *Primeros Sábados* que incluye una Comunión de Reparación, no especifica si se debe hacer de manera individual o comunitaria. Se pueden cumplir los *Primeros Sábados* de forma individual o comunitaria en la medida de lo posible. Sin embargo, la práctica más importante de los *Primeros Sábados*, que es la recepción de la Sagrada Comunión, es esencialmente un acto comunitario, como lo son todos los actos litúrgicos. *Los Primeros Sábados Comunitarios*™ es una forma de practicar la devoción de los *Primeros Sábados* en forma comunitaria que, además de ser aprobada por la iglesia, permite que sea más sencillo para cada persona cumplir con todas las condiciones de esta devoción. No debe confundirse con otras formas comunitarias de los *Primeros Sábados*, ya que, por lo general, varían mucho y no incluyen una aprobación más allá del párroco.

La oración enseñada por el Ángel expresa las mayores virtudes, las tres virtudes teologales y una cuarta virtud, que pertenece a la virtud de la religión. El Amor es la más importante, luego la Esperanza y después la Fe. La siguiente gran virtud es la de la religión. La oración expresa una forma de esa virtud en la adoración. La virtud de la religión está relacionada con la justicia, ya que la religión es un intento de regresarle a Dios lo que le corresponde.

Por supuesto que nunca podremos regresarle a Dios todo lo que le debemos debido a la desigualdad que existe entre el Ser infinito que es Dios y el Ser finito que es el hombre. No obstante, Dios puede aceptar nuestra ofrenda que es dependiente del sacrificio perfecto de Jesús, Su Hijo.

Mediante la virtud de la religión se ejercen diversos actos como el culto, la devoción, la oración, el sacrificio, la reparación, la adoración, la alabanza y la acción de gracias. La oración enseñada por el Ángel aquí, expresa adoración. Vemos también que esta oración es una forma de intercesión por aquellos que no ejercen estas virtudes.

Estas virtudes y estos actos fluyen de la gracia santificante y de la gracia actual. También representan los medios para lograr el propósito del mensaje de Fátima en los pueblos de todas las naciones. De estas virtudes y actos fluyen la paz y la salvación, que son el propósito del mensaje de Fátima. El Ángel de la Paz ya traía consigo la paz. Sin embargo, para que estas virtudes crezcan en nosotros, necesitaremos aprender más.

Así mismo, la oración se repitió tres veces mostrando que la repetición puede ser beneficiosa para nosotros y aceptable para Dios. Vemos muchos ejemplos de esto en la Sagrada Escritura. Además, recordemos que esta oración y las demás oraciones de Fátima que Francisco y Jacinta decían, les ayudaron para convertirse en santos. Por tal razón, *Los Primeros Sábados Comunitarios*™ incluye esta oración y las otras oraciones de Fátima antes de la recitación comunitaria del Rosario.

Además, vemos que el Ángel enseña a los niños a arrodillarse y doblar la frente hasta el suelo. Esto es interesante, puesto que esta postura no se ve en la Liturgia Católica Romana a pesar de que los católicos pueden practicar esta postura de forma individual. Por otro lado, es una postura que se encuentra dentro de la religión musulmana como práctica ordinaria colectiva e individual. Ciertamente, esta postura de oración es una forma admirable de adoración en sí misma. Se cree que varias posturas del cuerpo pueden ser de gran ayuda para la oración interior. Muchos santos, como Santo Domingo, han hecho uso de una gran variedad de tales posturas. Pero, ¿será que Dios también está en búsqueda de aquellos que practican la religión musulmana?

Más tarde, Nuestra Señora apareció en Cova da Iria, un lugar en Fátima. El pueblo de Fátima recibió su nombre de una princesa musulmana que se casó con un príncipe cristiano. La princesa musulmana fue llamada así por Fátima, la hija de Mahoma. Fátima, la princesa musulmana de Portugal, se convirtió al cristianismo. Además, ha sido sorprendente ver la gran cantidad de musulmanes que van a honrar a Nuestra Señora de Fátima cuando la imagen de la Virgen Peregrina llega a su ciudad. ¿Será que el pueblo musulmán se convertirá a la Iglesia Católica por intercesión de Nuestra Señora de Fátima? Con sólo recitar la oración anterior, el Ángel está orando por aquellos que no creen. Ciertamente, la conversión del pueblo musulmán contribuiría a la realización de la promesa de paz de Nuestra Señora en el mundo, de la que hablaremos más adelante. Oremos por esta intención.

Al levantarse, el Ángel dijo: «¡Oren así! Los Corazones de Jesús y de María están atentos a la voz de sus súplicas». Aunque en la oración anterior, «Dios mío, yo creo ...», no se mencionan los Corazones de Jesús y María, ellos están atentos a la oración de los niños. Jesús y María no solo escuchan las oraciones, sino que además, ninguna súplica es respondida y ninguna gracia es dada si no viene del Corazón de Jesús por medio del Corazón de María. Toda gracia fue merecida por Jesús crucificado y Él vino al mundo por el consentimiento de María. En la Persona de Jesús, toda la gracia ha venido al mundo con el consentimiento de Nuestra Señora. Conviene entonces que, como Madre Espiritual nuestra, ella nos distribuya estas gracias.

En esta aparición, el Ángel presenta un tema esencial del mensaje de Fátima, que son los Corazones de Jesús y María. Posteriormente se guiará la atención hacia la devoción al Corazón de María, pero siempre teniendo el entendimiento de que estos dos Corazones son inseparables.

La Segunda Aparición

Memorias de la Hermana Lucía

La segunda debió de ser en el medio del verano... De repente, vimos al mismo Ángel junto a nosotros.

—¿Qué hacen? ¡Oren! ¡Oren mucho! Los Corazones de Jesús y de María tienen sobre ustedes designios de misericordia. Ofrezcan constantemente al Altísimo plegarias y sacrificios».

—¿Cómo nos hemos de mortificar? —Pregunté.

—De todo lo que puedan, ofrezcan un sacrificio, en acto de reparación por los pecados con que Él es ofendido, y de súplica por la conversión de los pecadores. Atraigan así sobre su Patria la paz. Yo soy el Ángel de su Guarda, el Ángel de Portugal. Sobre todo, acepten y soporten con sumisión el sufrimiento que el Señor les envíe».

Comentario

Los niños parecían no estar diciendo sus oraciones antes de que llegara el Ángel, sino que parecían estar aprovechando la hora de la siesta (*Memorias de la Hermana Lucía*, p. 169). Esta vez, el Ángel apareció inmediatamente al lado de los niños en lugar de venir desde la distancia. «¿Qué hacen?» preguntó. «¡Oren! ¡Oren mucho! Los Corazones de Jesús y de María tienen sobre ustedes designios de misericordia. Ofrezcan constantemente al Altísimo plegarias y sacrificios». Esto parece dar a entender que los niños deberían estar usando este tiempo para orar y hacer sacrificios en lugar de estar ociosos. Nuevamente, vemos una referencia a los Corazones de Jesús y María. La frase «designios de misericordia» parece implicar que el mensaje de Fátima será un regalo de misericordia para los niños y para el mundo. La misión de los niños es una obra de misericordia espiritual.

Ciertamente, no hay amor más grande como *signo* o *prueba* de la intensidad del propio amor que dar la vida por el otro (cf. Jn. 15,13, *Summa Theologica*, II-II, q. 124, a. 3). Sin embargo, ¿existirá algún *efecto* proveniente del amor que sea más grande que el de llevar a una persona a conocer la verdad? Porque una persona solo puede amar lo que conoce. Jesús es el Camino, la Verdad y la Vida (cf. Jn. 14, 6). A través de la evangelización, ayudamos a las personas a conocer a Jesús. Entonces, por la gracia del Espíritu Santo, deberían querer estar unidos a Él. En algún momento, esperamos que descubran que la unión con Jesús significa comer Su Carne y beber Su Sangre (cf. Jn. 6, 53-56). Como veremos más adelante, a través de los *Primeros Sábados*, se nos muestra una forma especial de intentar llevar a los fieles al Corazón Eucarístico de Jesús. Desde la gracia de la unión con el Corazón Eucarístico de Jesús, los fieles pueden fortalecerse en la realización de obras de misericordia.

Es importante tener en cuenta que no es suficiente invocar solamente la misericordia de los Corazones de Jesús y María, sino que también hay que ser un canal de esa misericordia para los demás. Como dice la Escritura, «Felices los misericordiosos, porque obtendrán misericordia» (Mt. 5, 7). Difundir el mensaje de Fátima, y en particular los *Primeros Sábados*, representa una forma de misericordia que cualquiera puede hacer para los demás. El poder ofrecer la forma comunitaria de los *Primeros Sábados* es en sí mismo una obra de misericordia extraordinaria, ya que se puede llegar a un número mucho mayor de fieles.

Lucía preguntó: «¿Cómo nos hemos de sacrificar?» El Ángel respondió: «De todo lo que puedan, ofrezcan a Dios un sacrificio como acto de reparación por los pecados con que Él es ofendido y como súplica por la conversión de los pecadores. Atraigan así sobre su Patria la paz».

Primero, consideremos las palabras del Ángel: «De todo lo que puedan ofrezcan a Dios un sacrificio». El *Catecismo de la Iglesia Católica* (*CEC*, por sus siglas en latín) considera esta misma idea. Si bien en la siguiente cita se habla de los laicos en esa parte del capítulo que trata específicamente a los laicos, las palabras se aplican a todos los que sean fieles por el Bautismo. La fuente original de esta cita fue tomada de *Lumen Gentium*, n. 33.

> Los laicos, consagrados a Cristo y ungidos por el Espíritu Santo, están maravillosamente llamados y preparados para producir siempre los frutos más abundantes del Espíritu. En efecto, todas sus obras, oraciones, tareas apostólicas, la vida conyugal y familiar, el trabajo diario, el descanso espiritual y corporal, si se realizan en el Espíritu, incluso las molestias de la vida, si se llevan con paciencia, todo ello se convierte en sacrificios espirituales agradables a Dios por Jesucristo (cf 1P 2,5), que ellos ofrecen con toda piedad a Dios Padre en la celebración de la Eucaristía uniéndolos a la ofrenda del cuerpo del Señor. De esta manera, también los laicos, como adoradores que en todas partes llevan una conducta sana, consagran el mundo mismo a Dios (n. 901).

Es importante saber que todas estas acciones pueden convertirse en sacrificios espirituales. El sacrificio espiritual es el sacrificio interior y puede incluir la ofrenda de actos interiores como la Fe, la Esperanza y la Caridad. El sacrificio espiritual e interior es un acto de la virtud de la religión. Pero también podemos ofrecer como sacrificio las diferentes acciones exteriores. Por ejemplo, una persona puede ayunar el viernes. Uno puede o no ofrecer esta acción a Dios como un sacrificio. Al ofrecer estas obras más sensibles, los actos del cuerpo pueden ayudar a alimentar el alma. También es de notar que todos estos sacrificios pueden ser llevados a la celebración de la Eucaristía y allí unirse al Sacrificio de Jesucristo. Además, estos sacrificios permiten adorar en todas partes y, de esta manera es fácil ofrecer todo a Dios como sacrificio.

Segundo, el Ángel dijo que hay que ofrecer sacrificios a Dios como un acto de reparación por los pecados que Lo ofenden. Los sacrificios sólo se ofrecen a Dios. El ofrecer un sacrificio a cualquier otra persona viola el Primer Mandamiento. Porque solo a Dios le hacemos una ofrenda que significa que Él es nuestro comienzo como Creador y nuestro fin último por la visión beatífica.

Un aspecto de un sacrificio es que es un acto de reparación por los pecados por los que Dios es ofendido. El *Glosario* del *Catecismo de la Iglesia Católica* describe la reparación con las siguientes palabras: «Desagraviar por el mal hecho, por una ofensa, especialmente por el pecado, que es una ofensa contra Dios» (United States Conference of Catholic Bishops, 2001). Al hablar de reparar ofensas contra Dios y Su creación, hay que tener presente que podemos usar otras palabras para reparación, tales como satisfacción, expiación, penitencia, enmendar, restitución, propiciación, entre otras. El verbo para reparación es reparar.

Algunos de esos pecados que ofenden a Dios también son contra nuestro prójimo. Los pecados contra nuestro prójimo requieren reparación. Aunque el sacrificio es solo para Dios, el valor satisfactorio (reparador) de nuestro sacrificio también puede ofrecerse a Él por los pecados cometidos por nuestro prójimo y contra nuestro prójimo. Más adelante, consideraremos un caso de esto en la petición de reparación al Inmaculado Corazón de María.

Como vimos anteriormente, el sacrificio también se hace suplicando por la conversión de los pecadores. Esto significa que por los sacrificios que ofrecemos a Dios esperamos obtener las gracias necesarias para la conversión de los pecadores. Estas gracias son obtenidas por el único mediador con el Padre, Nuestro Señor Jesucristo. Nuestra Señora intercede ante su Hijo para obtener todas las gracias para el resto de la humanidad en la tierra. Todas las personas pueden ser intercesoras en dependencia de la intercesión de Nuestra Señora, la «Mediadora de todas las gracias» (cf. *Inseg* XIX / 1 (1996) 1638 (ORE 1451: 5)). Entre estos intercesores, San José está en primer lugar, quien apareció más tarde en Fátima. Una oración a San José está incluida en *Los Primeros Sábados Comunitarios*™ antes del Rosario.

El Ángel afirmó además, que al hacer sacrificios en reparación por los pecados y por la conversión de los pecadores, obtendremos la paz. La justicia es una condición necesaria para la paz y la reparación es una forma de justicia. Aparentemente, se hace un gran esfuerzo para lograr la justicia entre los hombres. Esto es muy bueno y necesario, pero parece que hemos logrado muy poco. El problema es que olvidamos que la justicia entre los hombres depende primero de la justicia entre Dios y los hombres. Nosotros solo podemos tratar de lograr la justicia, pero cuando dependemos conscientemente del perfecto Sacrificio de Jesús, nuestros esfuerzos pueden volverse más aceptables para Dios. A menos que nos demos cuenta de nuestra dependencia del Sacrificio de Jesús, no podremos esperar obtener justicia en el mundo para la humanidad, porque no puede haber verdadera justicia en el mundo sin el Sacrificio de Cristo.

Además, si queremos obtener justicia para los demás, no debemos olvidar que, a quien más le debemos después de Jesús el Hijo, es a Su Santísima Madre. ¿Acaso ha recibido lo que es justo? Lamentablemente, muy pocos piensan siquiera en las injusticias que los pecadores hemos cometido contra nuestra Santísima Madre. ¿Cómo es que queremos resolver las injusticias en el mundo si no damos prioridad a tratar de reparar las injusticias hacia Jesús y su Madre? ¿Cómo podemos trabajar por la justicia si no tenemos la virtud de la justicia nosotros mismos? Recordemos lo que Simeón le profetizó a María: «y a ti misma una espada te atravesará el corazón. Así se manifestarán claramente los pensamientos íntimos de muchos» (Lc. 2, 35). ¿Qué revela sobre nuestros corazones la espada de las injusticias contra Nuestra Señora? Oremos para que nuestro corazón desee reparar esas injusticias.

Un segundo punto es que la súplica por la conversión de los pecadores trae paz. Esto es así porque la conversión de los pecadores significa la restauración de la gracia santificante en el alma del pecador. La restauración de la gracia santificante significa una restauración de la virtud de la Caridad, así como también de otras virtudes y dones del Espíritu Santo. Por esta Caridad, somos verdaderamente capaces de amar a Dios y al prójimo. En cuanto al prójimo, si no amamos a todos, no amamos a nadie.

La Caridad no es una forma de amor puramente humano, sino que nos llega del Cielo. La Paz es el efecto de este amor (como lo encontramos en la *Summa* de Santo Tomás de Aquino). Es una paz que puede permear a través de toda la sociedad humana y la estructura social.

Finalmente, el Ángel terminó diciendo: «Sobre todo, acepten y soporten con sumisión el sufrimiento que el Señor les envíe». El Ángel dijo «sobre todo». Con esto explica que el sacrificio más importante que podemos ofrecer a Dios es nuestro sufrimiento. Esto se dice en el contexto de ofrecer nuestras propias acciones además de nuestra participación en la Misa y nuestra recepción de la Sagrada Comunión. También vemos que ofrecer nuestro sufrimiento comienza con la palabra "aceptar". Es una acción pasiva, una especie de receptividad. Esta receptividad es la base de la vida espiritual. Esta receptividad está ejemplificada por la Santísima Virgen María en la Anunciación del Ángel con su «Fiat», cuando dijo «hágase en mí según tu palabra» (Lc. 1, 38). Estamos llamados a recibir la Palabra de Dios y a descar que se cumpla en nosotros. Esta Palabra también nos lleva a aceptar y soportar con sumisión el sufrimiento que el Señor nos enviará. Uno puede entender esto como Su voluntad permisiva. Tal sufrimiento crucifica la carne y puede purificar el alma del pecado. A través de esta cruz, podemos llegar a una resurrección espiritual y a una nueva vida.

Tal como se mencionó anteriormente, podemos ofrecer nuestros sacrificios a Dios diariamente y durante el día, y llevar todos estos sacrificios, incluido nuestro sufrimiento, al Sacrificio de la Misa y unirlos al sacrificio perfecto de Jesús. No tenemos mejor oportunidad de ofrecer sacrificio a Dios que en el Sacrificio de la Misa. Esto se entenderá en la siguiente aparición. Así mismo, los *Primeros Sábados* refuerzan el llamado a unirnos al Sacrificio de Jesús. Recordemos que los *Primeros Sábados* se practican además de nuestra obligación dominical. Sin asistir a la liturgia dominical, no podemos cumplir con la petición de Nuestra Señora de hacer la devoción de los *Primeros Sábados*.

Las dos primeras apariciones del Ángel nos han enseñado el lenguaje básico de amar a Dios y al prójimo a través de la oración y el sacrificio. Con esto aprendemos cómo Dios nos ama y cómo podemos regresarle ese amor. Ahora podemos estar preparados para la máxima expresión de oración y sacrificio enseñada en la siguiente aparición. Sin darnos cuenta, nos estamos preparando para esa oración y ese sacrificio que está en el corazón de la práctica de los *Primeros Sábados*. Cabe señalar que los tres niños de Fátima hicieron juntos oración y sacrificio. Por lo tanto, los niños oraron y se sacrificaron en comunidad y lo hicieron con frecuencia. Ciertamente, los niños también oraron y se sacrificaron de forma individual. En cualquier caso, *Los Primeros Sábados Comunitarios*™ nos brindan la oportunidad de cumplir el pedido de Nuestra Señora de manera comunitaria. Esto aumenta significativamente la fuerza y el valor de nuestra oración y sacrificio.

Memorias de la Hermana Lucía

Lucía continúa con lo siguiente:

Estas palabras del Ángel se grabaron en nuestra alma, como una luz que nos hacía comprender quién era Dios, cómo nos amaba y quería ser amado, el valor del sacrificio y cómo éste le era agradable; cómo por atención a él convertía a los pecadores.

La Tercera Aparición
Memorias de la Hermana Lucía

Rezamos allí nuestro Rosario y la oración que en la primera aparición nos había enseñado.

Estando pues allí se nos apareció por tercera vez, portando en la mano un Cáliz y sobre él una Hostia, de la cual caían dentro del Cáliz, algunas gotas de sangre. Dejando el Cáliz y la Hostia suspensos en el aire, se postró en tierra y repitió tres veces la oración:

Comentario

Juntos, los niños rezaron el Rosario y la oración que les habían enseñado. Los niños ya se habían preparado para la tercera visita del Ángel. El Ángel aparece «portando en la mano un Cáliz y sobre él una Hostia, de la cual caían dentro del Cáliz, algunas gotas de sangre». Aquí vemos que la Sagrada Eucaristía es la realidad por la cual los niños estaban siendo preparados por las dos primeras apariciones y seguidamente por su Rosario y su oración comunitaria. Nuevamente, *Los Primeros Sábados Comunitarios*™ incluye las oraciones de Fátima y el Rosario dichos en comunidad por los fieles antes de la celebración de la Sagrada Eucaristía.

La Hermana Lucía continúa contándonos que, dejando el cáliz y la Hostia suspendidos en el aire, el Ángel se postró y rezó la oración «Santísima Trinidad...» tres veces.

Memorias de la Hermana Lucía

«Santísima Trinidad, Padre, Hijo y Espíritu Santo, te adoro profundamente y te ofrezco el preciosísimo Cuerpo, Sangre, Alma y Divinidad de Jesucristo, presente en todos los sagrarios de la tierra, en reparación de los ultrajes, sacrilegios e indiferencias con que Él mismo es ofendido. Y por los méritos infinitos de su Santísimo Corazón y del Corazón Inmaculado de María, te pido la conversión de los pobres pecadores».

Comentario

La Santísima Trinidad es el inicio y el fin de todas nuestras acciones, así como también es el inicio y el fin del mensaje de Fátima. Hablamos también de la Sagrada Eucaristía como "fuente y culmen" de nuestras vidas. Esto es cierto porque en la Sagrada Eucaristía encontramos a Jesús, el Hijo del Padre y dador del Espíritu Santo. En la persona de Jesús, encontramos una Persona Divina por cuya Sagrada Humanidad nos llega toda misericordia y gracia de la Santísima Trinidad.

Es de suma importancia creer que Jesús está real y verdaderamente presente en la Sagrada Eucaristía, en Su Cuerpo, Sangre, Alma y Divinidad. No obstante, la Sagrada Eucaristía mantiene lo que perciben los sentidos y las apariencias de pan y vino. En teología, lo que percibimos por los sentidos lo llamamos accidentes. En la Misa se hace presente la sustancia de Jesús, mientras permanecen los accidentes del pan y del vino. Cuando recibimos a Jesús en la Sagrada Comunión, Él está tan presente en nosotros como lo estuvo en el vientre de la Virgen María. En esto último, Jesús asumió una naturaleza humana y por eso estaba presente en María. Se podría decir que la Concepción fue su Primera Comunión. En la Misa, la Persona de Jesús, Quien tiene una Naturaleza Divina unida a Su naturaleza humana, se hace presente y es recibido por nosotros.

Podríamos decir que en la Sagrada Comunión Jesús viene oculto a nosotros, pero sigue siendo Él. ¿Quién podría decir que Jesús no puede hacerse presente bajo la apariencia de pan y de vino? Por supuesto que nada es imposible para Dios. Sin embargo, muchos católicos no creen en la enseñanza fundamental de la Fe en la que Jesús está verdaderamente presente en la Sagrada Eucaristía. Esto ha llevado a la pérdida de la fe e incluso a la apostasía entre muchos católicos.

Volviendo a la tercera aparición, leemos que el Ángel no adora el pan y el vino, sino que adora a Jesús. En la oración que el Ángel dice, se entiende que la adoración es a Jesús presente en la Misa y en el sagrario, como por ejemplo, durante la Hora Santa.

Si bien podemos hablar de las diferentes formas en las que Dios se hace presente, ya sea por Su poder, Su sabiduría, por Su palabra, y cuando dos o tres personas se reúnen en Su Nombre, no existe ninguna otra forma en la que se haga presente de forma tan extraordinaria como en la Sagrada Eucaristía. Incluso, esta presencia exaltada de Jesús tiene como objeto aumentar la gracia santificante a las almas de quienes se acercan a Él en estado de gracia.

En la oración «Santísima Trinidad…» El Ángel expresa adoración hacia la Santísima Trinidad presente a través de la Sagrada Eucaristía. El Ángel ofrece a la Santísima Trinidad el Cuerpo, la Sangre, el Alma y la Divinidad de Nuestro Señor Jesucristo. Jesús, nuestro Sumo Sacerdote que está a la diestra del Padre, se ofrece continuamente como sacrificio a la Santísima Trinidad. En el Santo Sacrificio de la Misa, el sacerdote une su ofrenda de Jesús a la ofrenda que Jesús hace de sí mismo a la Santísima Trinidad. Además, los fieles también se unen al sacerdote para ofrecer a Jesús a la Santísima Trinidad y así ejercer el sacerdocio universal que les fue dado en el Bautismo. Nos acercamos a la ofrenda en alabanza y acción de gracias. Ofrecemos a Jesús en reparación por los pecados y por la conversión de nosotros los pecadores, una conversión que es un proceso de por vida.

El Ángel continúa la oración «Santísima Trinidad...» diciendo que el Cuerpo, la Sangre, el Alma y la Divinidad están presentes en todos los sagrarios del mundo. Esto no debe entenderse como que el Ángel sólo está ofreciendo a Jesús presente en todos los sagrarios del mundo, puesto que el Cáliz y la Hostia que ofrece no están en un sagrario. Puede ser más bien que esta oración haga referencia al sagrario como el lugar en donde más se ignora a la Eucaristía. Si olvidamos la presencia real de Jesús en el sagrario, ¿cómo estar conscientes de la presencia real de Jesús en la Santa Misa y estar más atentos a otros aspectos de la misa? En cualquier caso, en la oración anterior, cuando ofrecemos la Eucaristía a la Santísima Trinidad, la ofrecemos dondequiera que Él esté presente en ese momento, incluso en la Misa. Es más, ampliemos nuestro entendimiento de lo que es un sagrario (o tabernáculo) para incluir a la persona humana, que puede ser un gran tabernáculo viviente en contraste a un tabernáculo hecho por manos humanas.

La oración continúa con el Ángel diciendo que la ofrenda es «en reparación de los ultrajes, sacrilegios e indiferencias con que Él mismo es ofendido». Los ultrajes son aquellos actos que enojan mucho a Dios. Hay muchos tipos de ultrajes con diferentes grados de pecaminosidad. Aquí debemos recordar los pecados contra Jesús en la Sagrada Eucaristía. Estos pecados incluyen actos deliberados contra la Eucaristía, como no creer en la Presencia Real de Jesús en la Sagrada Eucaristía. El creer en la Presencia Real de Jesús, en Su Cuerpo, Su Sangre, Su Alma y Su Divinidad, es un acto de Fe. Aquellos que no estén en estado de gracia tienen la necesidad de recibir la absolución en el sacramento de la Reconciliación. El recibir la Sagrada Comunión sin recibir la absolución sería un sacrilegio y otro pecado mortal adicional. Cualquier ataque o abuso a la Sagrada Eucaristía es un sacrilegio; por tanto, es un pecado muy grave en contra de la virtud de la religión y de Dios. La indiferencia a la Presencia Real de Jesús en la Sagrada Eucaristía es también algo grave y evita que recibamos la gracia santificante. San Pablo nos advierte contra el peligro de acercarnos a la Sagrada Comunión indignamente sin discernir el Cuerpo de Cristo (I Cor. 11, 27-32). Los *Primeros Sábados* advierten y corrigen brillantemente esos pecados contra la Sagrada Eucaristía, así como veremos a continuación.

15

El Ángel dijo entonces: «por los méritos infinitos de su Santísimo Corazón y del Inmaculado Corazón de María...» Se podría objetar que solo Jesús puede tener méritos infinitos porque Él es una Persona Divina; por lo tanto, Sus acciones tienen un valor infinito. Mientras que María es una persona finita y por ende sus acciones son finitas. Por tanto, sus méritos son finitos. Uno podría responder a lo anterior diciendo que la oración no se refiere a los méritos infinitos de María propiamente. Más bien, se podría decir que los méritos infinitos combinados con los méritos finitos de Nuestra Señora siguen siendo méritos infinitos. Otra forma de responder a la objeción sería considerando los diferentes tipos de méritos. De hecho, la enseñanza oficial de la Iglesia ha hecho precisamente eso. En *Ad Diem Illum* de San Pío X dice lo siguiente:

> Ella, sin embargo, al aventajar a todos en santidad y en unión con Cristo y al ser llamada por Cristo a la obra de la salvación de los hombres, nos merece *de congruo*, como se dice, lo que Cristo mereció *de condigno* y es Ella ministro principal en la concesión de gracias.

La asociación de Nuestra Señora con la obra de la Redención comenzó con el misterio de la Anunciación del Ángel. En respuesta al Ángel, la Santísima Virgen María consintió libremente la Concepción de su Hijo Jesús. Al hacerlo, consintió a los méritos infinitos que obtendría. En cierto sentido, podríamos decir que ella merece para nosotros todo lo que Cristo mereció, pero de otra manera. Jesús mereció infinitamente de condigno o en estricta justicia. La Virgen María merece lo que Jesús mereció pero de congruo. De congruo se refiere a estar de acuerdo. Dios encontró agradable la respuesta de María. Además, Nuestra Señora accedió a lo que Dios le proponía por medio de su acto finito de consentimiento a la Encarnación, por lo que estas gracias infinitas no le fueron atribuidas en justicia sino simplemente por el amor mutuo entre ella y Dios. Normalmente usamos la palabra mérito con respecto a la justicia, no al amor, pero tener mérito de Dios requiere al menos un amor sobrenatural. Como veremos, los *Primeros Sábados* brindan un camino para que las gracias merecidas fluyan a través de María hacia nosotros de manera más abundante.

Nuevamente, la primera parte de la frase final de la oración dice: «Y por los méritos infinitos de su Sacratísimo Corazón y del Inmaculado Corazón de María». Todos los actos de Jesús son los actos de una Persona Divina; por consiguiente, cualquier acto de Jesús tiene un mérito infinito. El valor infinito de Sus actos como Persona Divina puede pagar el precio de los pecados de cualquier hombre contra Dios. Solo Jesús puede pagar ese precio a Dios a través de Su Sagrada Humanidad que le permite ser el único mediador entre Dios y el hombre. Así, Jesús mereció una estricta justicia (*de condigno*). La obra meritoria de Jesús se completó con su sacrificio en la cruz, que también tiene mérito infinito. La oración también puede contener los méritos infinitos del Inmaculado Corazón de María porque el mérito (*de congruo*) aquí es la recompensa de su amor agradable a Dios como Padre. El mayor mérito de María se basa en el hecho de que Dios se hizo hombre por su consentimiento. A través del consentimiento de Nuestra Señora, recibimos un Don infinito, Dios hecho hombre. Su consentimiento mereció lo infinito, su Hijo, «lleno de gracia y de verdad» (Jn. 1, 14). Aún así, los méritos de Nuestra Señora dependen totalmente de los méritos infinitos de Jesús. En el desempeño de su rol Maternal con sus hijos espirituales, María siempre depende de los méritos y de la mediación de su Hijo. El resultado es que dependemos de Jesús a través de María para las gracias disponibles para nuestra santificación, conversión y salvación.

La última frase de la oración termina con las palabras: «te pido la conversión de los pobres pecadores». Aquí podemos recordar lo que se dijo sobre el sacrificio en la segunda aparición. El Ángel dijo que el sacrificio es en reparación por el pecado y en súplica por la conversión de los pecadores.

Memorias de la Hermana Lucía

Después, levantándose, tomó en la mano el Cáliz y Hostia, y me dio la Hostia a mí; y lo que contenía el Cáliz, lo dio a beber a Jacinta y a Francisco, diciendo al mismo tiempo: «Tomen y beban el Cuerpo y la Sangre de Jesucristo, horriblemente ultrajado por los hombres ingratos. Reparen sus crímenes y consuelen a nuestro

Dios». De nuevo se postró en tierra y repitió con nosotros, tres veces más, la misma oración: «Santísima Trinidad...» etc. Y desapareció.

Transportados por la fuerza de lo sobrenatural que nos envolvía, imitábamos al Ángel en todo; es decir, postrándonos como él y repitiendo las oraciones que él decía.

Comentario

Después de la oración, el Ángel les dio a los niños la Sagrada Comunión. Él Ángel le dio a Lucía solo la Hostia, que era en ese momento la forma ordinaria de dar la Sagrada Comunión en el Rito Occidental. El Ángel les dio solo el contenido del cáliz a Francisco y Jacinta, lo cual no era común en ese tiempo. Incluso hoy en día uno no recibe únicamente el contenido del cáliz. Posiblemente esto significó los diferentes caminos que debían tomar los niños. Para Jacinta y posiblemente Francisco, fue su primera y última comunión. Además, se podría decir que Francisco y Jacinta estaban tan bien preparados por el Ángel para recibir la Sagrada Comunión que esta única recepción pudo ser suficiente para hacerlos santos.

Los *Primeros Sábados* practicados en forma comunitaria resaltan la importancia de la preparación para la recepción de la Sagrada Comunión. En este sentido, *Los Primeros Sábados Comunitarios*™ comienza con las palabras que dijeron Jesús y María el 10 de diciembre de 1925. Después siguen las intenciones, especialmente en reparación al Inmaculado Corazón de María, para continuar rezando las oraciones de Fátima, y terminar con la recitación del Rosario antes de la Misa. Además, *Los Primeros Sábados Comunitarios*™ propone tener disponible el sacramento de la Confesión antes de la Misa.

Aunando lo anterior, *Los Primeros Sábados Comunitarios*™ también complementa esta preparación para recibir a Jesús en la Sagrada Comunión al enfatizar que Su presencia continúa en nosotros después de recibirlo (cf. Papa Pío XII, *Mediator Dei*). Por este motivo, *Los Primeros Sábados Comunitarios*™ incluye una meditación de 15 minutos después de la Misa para que los fieles continúen dispuestos recibiendo las gracias del Santísimo Sacramento para así intentar reparar el Inmaculado Corazón de María (cf. Condiciones de los Primeros Sábados, p. 131). Por tal motivo, durante la devoción se les proporcionan los libros a los fieles para que puedan seguir todas las prácticas de la misma.

Cuando el Ángel da a los niños la Sagrada Comunión, también les dice que el Cuerpo y la Sangre de Jesucristo fueron «horriblemente ultrajados por los hombres ingratos. Reparen sus crímenes y consuelen a su Dios». Al dar a los niños la Sagrada Comunión, el Ángel pidió reparación por los pecados que ofenden a Jesús en la Sagrada Eucaristía. En otras palabras, el Ángel pidió una Comunión de Reparación, que fue solicitada por primera vez a Santa Margarita María por el Sagrado Corazón de Jesús para realizarse especialmente los *Primeros Viernes*, y fue solicitada nuevamente por el Papa Pío XI en *Miserentissimus Redemptor*. Esta Encíclica del Papa Pío XI también explica cómo esta Comunión Reparadora al Sagrado Corazón de Jesús puede consolar a Dios.

La oración, «Santísima Trinidad ...» se puede ofrecer en cualquier momento, pero no puede reemplazar ni sustituir a la Liturgia, que es la oración pública oficial de la Iglesia que da testimonio de que somos miembros del único Cuerpo de Cristo. Sin embargo, podría usarse como una oración para decirse en privado después de la Sagrada Comunión, así como en otros momentos de otras devociones católicas. Los niños de Fátima nos dan el ejemplo al decir la oración después de recibir la Sagrada Comunión. Así pues, la oración nos permite prepararnos para hacer una Comunión de Reparación al Sagrado Corazón de Jesús. Posteriormente, Jesús y María pidieron una Comunión de Reparación en los *Primeros Sábados* por los pecados contra el Inmaculado Corazón de María. Por lo tanto, la misma oración podría usarse al hacer una Comunión de Reparación por los pecados contra el Inmaculado Corazón de María.

Cabe señalar que antes de que recibieran la Comunión de Reparación, los niños rezaron juntos el Rosario y la primera oración que les enseñó el Ángel, y así rezaron de manera comunitaria. Los niños también dijeron juntos la segunda oración «Santísima Trinidad...» después de la Comunión de Reparación. En *Los*

Primeros Sábados Comunitarios™ los fieles rezan las oraciones de Fátima y el Rosario antes de la Misa, y durante la misma, hacen la Comunión de Reparación. Después de la Misa, la meditación solicitada por Nuestra Señora la hacen los fieles juntos en forma comunitaria (véase PrimerosSabados.org).

A través de las tres visitas del Ángel, se preparó el camino para las visitas de Nuestra Señora al año siguiente durante seis meses consecutivos. Durante las tres visitas del Ángel, se revelaron algunos elementos básicos del mensaje de Fátima. En resumen, en la primera aparición se enfatizó la importancia de la oración y se nos dio una oración cuyo contenido refleja lo que todas las demás oraciones deben lograr de cierta manera, a saber, la mayor gloria de Dios a través del amor de Dios.

Esta oración enseñada por el Ángel expresa las cuatro virtudes más importantes. Primero están las tres virtudes teologales: Fe, Esperanza y Caridad; después, la cuarta virtud más importante, que es la virtud de religión y es expresada mediante la adoración. La segunda parte de la oración incluye el amor al prójimo, que es inseparable al amor a Dios. Todas estas virtudes prepararon a los niños para estar correctamente dispuestos a recibir la Sagrada Eucaristía en la tercera visita del Ángel. Esto puede ayudar a entender por qué esta y otras oraciones son incluidas antes del Rosario en *Los Primeros Sábados Comunitarios*™ ® como podemos observar en el Devocionario de *Los Primeros Sábados Comunitarios*™. Este libro ha sido diseñado para ayudarnos a cumplir con los *Primeros Sábados* de la mejor manera posible. Se sugiere obtener un ejemplar cuando sea posible.

En la segunda aparición aprendimos lo que es el sacrificio y cómo debemos de hacer sacrificios. En la tercera aparición se nos explicó el fin último de la oración y el sacrificio a la Santísima Trinidad a través de la Sagrada Eucaristía tal y como hemos visto anteriormente. En esta tercera aparición no solo se expresó la adoración a Dios en la Sagrada Eucaristía, sino también el deseo de hacer reparación por la conversión de los pecadores. Poco a poco, nos hemos estado preparando para ver cómo la reparación y la conversión de los pecadores van a ser desarrollados en las siguientes apariciones de Nuestra Señora. Ahora podemos analizar las apariciones de Nuestra Señora de Fátima.

Las Apariciones de Nuestra Señora en Fátima y Otros Sucesos

Las Primeras Tres Apariciones de Nuestra Señora

Separamos las seis apariciones de Nuestra Señora en un par de tres apariciones. Hacemos esto porque las primeros tres construyen el corazón del mensaje. Veremos qué es lo más distintivo del mensaje de Nuestra Señora, a saber, lo que Dios quiere. Las últimas tres apariciones prueban la veracidad del mensaje, culminando con el milagro del sol.

13 de mayo de 1917

Memorias de la Hermana Lucía

Estando jugando con Jacinta y Francisco encima de la pendiente de Cova de Iría, haciendo una pared alrededor de una mata, vimos, de repente, como un relámpago.

—Es mejor irnos ahora para casa, — dije a mis primos —, hay relámpagos; puede venir tormenta.

—Pues sí.

Y comenzamos a descender la ladera, llevando las ovejas en dirección del camino. Al llegar poco más o menos a la mitad de la ladera, muy cerca de una encina grande que allí había, vimos otro relámpago.

Comentario

La primera aparición comienza cuando los niños ven lo que parece ser un relámpago. Para evitar quedar atrapados en una tormenta, los niños comienzan a descender por la pendiente. Cuando estaban casi al nivel de una gran encina, vieron otro relámpago. Esto no parecía ser un relámpago ordinario, ya que no hubo ninguna tormenta después. Es difícil saber exactamente qué significó aquel relámpago. Es interesante notar que el «relámpago» aparece tres veces en el libro del *Apocalipsis*. Veamos, por ejemplo, la siguiente cita del libro del *Apocalipsis* que da luz a la referencia del relámpago (rayos) en Cova de Iría. «En ese momento se abrió el Templo de Dios que está en el cielo y quedó a la vista el Arca de la Alianza, y hubo rayos...Y apareció en el cielo un gran signo: una Mujer revestida del sol...» (11, 19, 12, 1).

La tradición y varios escritos sobre el Evangelio de Lucas reconocen que Nuestra Señora es el cumplimiento del Arca de la Alianza. Una nueva arca ha reemplazado a la antigua. Una nueva alianza ha reemplazado la antigua alianza. La referencia en el Apocalipsis a «su alianza» solo puede referirse a la alianza que existía en el momento en que se escribió el libro de Apocalipsis, es decir, la Nueva Alianza. Nuestra Señora es el Arca de la Nueva Alianza. Ella llevó a Jesús en su vientre y continuó llevándolo en su Inmaculado Corazón.

Además, vemos que aparece una mujer revestida del sol seguido de los rayos o relámpagos que aparecen en el libro de Apocalipsis. Después de mencionar el relámpago por segunda vez, Lucía dijo: «...vimos sobre una carrasca una Señora, vestida toda de blanco, más brillante que el sol...» Uno se pregunta si el «relámpago» y «más brillante que el sol» son las formas en que Dios conecta aún más las apariciones de Nuestra Señora en Fátima con la mujer descrita en el libro del *Apocalipsis*.

Memorias de la Hermana Lucía

Y comenzamos a descender la ladera, llevando las ovejas en dirección del camino. Al llegar poco más o menos a la mitad de la ladera, muy cerca de una encina grande que allí había, vimos otro relámpago; y, dados algunos pasos más adelante, vimos sobre una carrasca una Señora, vestida toda de blanco, más brillante que el sol, irradiando una luz más clara e intensa que un vaso de cristal, lleno de agua cristalina, atravesado por los rayos del sol más ardiente.

Nos detuvimos sorprendidos por la aparición. Estábamos tan cerca que nos quedábamos dentro de la luz que la cercaba, o que Ella irradiaba. Tal vez a metro y medio de distancia más o menos. Entonces Nuestra Señora nos dijo:

—No tengan miedo. No les voy a hacer daño.

—¿De dónde es usted? — le pregunté.

—Soy del Cielo.

—¿Y qué es lo que Usted quiere?

—Vengo a pedirles que vengan aquí seis meses seguidos, el día 13 a esta misma hora. Después les diré quién soy y lo que quiero. Después volveré aquí aún una séptima vez.

—Y yo, ¿también voy al Cielo?

—Sí, vas.

—Y, ¿Jacinta?

—También.

—Y ¿Francisco?

—También; pero tiene que rezar muchos Rosarios.

Comentario

Nuestra Señora les dice a los niños que vayan a la Cova durante seis meses consecutivos el día 13 de cada mes a la misma hora, al mediodía. ¿Cuál es el significado detrás del día 13 y de que sean seis meses? Da la impresión de que estos números no tienen ningún significado religioso en la tradición cristiana. De hecho, algunos consideran que el número 13 es un mal presagio.

Por otro lado, si miramos hacia atrás en el Antiguo Testamento y en el libro de *Ester*, encontramos que este número es de gran importancia en la historia. De hecho, el número 13 aparece seis veces en la traducción hebrea del libro de *Ester*. Recordemos que Ester se convirtió en reina en lugar de Vasti, quien desobedeció la orden del Rey. Además, el primer ministro, el malvado Amán, estaba conspirando para destruir a todo el pueblo judío porque Mardoqueo, el guardián de Ester antes de que ella se convirtiera en Reina, no se arrodillaría ante él. De modo que Amán persuadió al rey para que decretara que el día 13 del mes de Adar sería el día en que el pueblo judío sería destruido. Afortunadamente, Mardoqueo convenció a Ester de que intercediera ante el Rey y así logró que el pueblo judío pudiera destruir a sus enemigos ese mismo día.

La historia anterior sirve para desarrollar más plenamente lo que Nuestra Señora propone en Fátima. Se nos pide que hagamos lo que hizo Mardoqueo, pedir que la Reina interceda ante el Rey para lograr un triunfo sobre los enemigos del pueblo de Dios. La Reina es María y el Rey es Jesús. El Pueblo de Dios representa a la Iglesia Católica y a quienes se unieron a ella. El triunfo final no será una victoria sangrienta, sino una victoria espiritual. El día 13 del mes prefigura el día en el que finalmente se cumplirá el triunfo del Inmaculado Corazón de María. A través del Inmaculado Corazón de María, el Corazón Eucarístico de Jesús, Cordero de Dios y Rey de reyes, reinará espiritualmente sobre todas las naciones.

Cabe señalar que Nuestra Señora del Rosario apareció en Fátima con una estrella en su vestido. Esto se reveló en una entrevista con Lucía poco después de las apariciones. El nombre «Ester» significa estrella. Entonces, esta es otra forma en que Nuestra Señora parecía relacionar su aparición con el libro de *Ester*.

Asimismo, Nuestra Señora dijo que aparecería por séptima vez. Esta aparición ocurrió estando la Hermana Lucía sola en la Cova justo antes de dejar Fátima para comenzar sus estudios en 1921 (*Memorias de la Hermana Lucía*, p. 173). A diferencia de las apariciones anteriores, Nuestra Señora no agregó nada a su mensaje para el mundo, más bien, esta aparición en Fátima fue para consolar a Lucía. Sin más información adicional, esta aparición nos demuestra el amor maternal de Nuestra Señora por cada uno de nosotros como individuos.

A los tres niños se les promete que irán al cielo. Nuestro objetivo final es la gloria de Dios, pero solo podemos darle gloria a Dios por completo yendo al Cielo. El Cielo significa ver a Dios cara a cara según San Pablo, pero ahora vemos confusamente a través de un espejo, por la fe (cf. I Cor. 13,12). Ver a Dios no es ver con los ojos sino con el intelecto, porque la Naturaleza Divina es espíritu puro y solo una facultad espiritual como el intelecto puede verlo (S.T. p. I-II, q. 3, a. 8). Ahora el intelecto puede conocer a través de conceptos, pero para aquellos en el Cielo, Dios toma el lugar del concepto. Sin embargo, el grado de amor sobrenatural en la voluntad determina nuestro lugar en el Cielo (cf. S.T., Supl. Q. 93, a. 3, Santa Teresa de Lisieux, *Historia de un Alma*).

No obstante, Nuestra Señora dijo que Francisco debía rezar muchos Rosarios antes de ir al Cielo. Puede surgir en nuestras mentes la pregunta de por qué señalar a Francisco como necesitado de rezar muchos Rosarios. No puede haber una respuesta definitiva para esta pregunta. Podríamos especular que Francisco no estaba tan avanzado espiritualmente como los otros dos niños en ese momento. O podríamos pensar que Francisco necesitaba hacer más porque sería el primero en morir (1919), un año antes que Jacinta. Ciertamente, Francisco tuvo poco tiempo para alcanzar la perfección. Cualquiera que sea la respuesta, nosotros mismos podemos preguntarnos si también tendremos que rezar muchos Rosarios antes de morir para poder ir directamente al Cielo. Francisco actuó en consecuencia, pues a menudo se encontraba solo y apartado rezando el Rosario cuando los niños no estaban rezando juntos.

Memorias de la Hermana Lucía

Entonces me acordé de preguntar por dos muchachas que habían muerto hacía poco. Eran amigas mías e iban a mi casa a aprender a tejer con mi hermana mayor.

—¿María de las Nieves ya está en el Cielo?

—Sí, está (Me parece que debía de tener unos dieciséis años).

—Y, ¿Amelia?

—Estará en el Purgatorio hasta el fin del mundo (Me parece que debía de tener de dieciocho a veinte años).

—¿Quisieran ofrecerse a Dios para soportar todos los sufrimientos que Él quisiera enviarles, en acto de desagravio por los pecados con que es ofendido y de súplica por la conversión de los pecadores?

—Sí, queremos.

—Tendrán, pues, mucho que sufrir, pero la gracia de Dios será su fortaleza".

Comentario

Lucía preguntó por dos de sus amigas que habían fallecido. Fue maravilloso escuchar que una de ellos ya estaba en el Cielo. Sin embargo, su otra amiga es motivo de desasosiego. Nuestra Señora dijo que estaría en el Purgatorio hasta el fin del mundo. Algunos dicen que esto significaba que estaría allí durante mucho tiempo, mas esto es inconsistente con lo que se dijo, incluso en el portugués original. Más bien, parece que podríamos interpretar las palabras de Nuestra Señora como condicionantes. Dado el estado actual del alma de esta niña, ella estará en el Purgatorio hasta el fin del mundo. Hubo un caso de una Hermana que no rezaba por las almas del Purgatorio. En una visión se le dijo que su castigo sería que no se beneficiaría de las oraciones de los demás. En consecuencia, permanecería en el Purgatorio hasta el fin del mundo.

Eso no excluye la posibilidad de que podamos ofrecer oraciones y sacrificios en reparación por la deuda que aún le queda a esta niña, pues no conocemos su situación particular. Se podrían aprovechar especialmente las indulgencias que ofrece la Iglesia (cf. *Manual of Indulgences*, 2006, USCCB). Estas indulgencias se pueden aplicar a las almas del Purgatorio. La indulgencia plenaria sería especialmente útil, ya que ofrece una remisión total de toda deuda de pecado. En cualquier caso, se nos ha llamado la atención sobre la realidad del Cielo y del Purgatorio. La realidad del infierno captará nuestra atención en la tercera aparición de Nuestra Señora.

La devoción de *Los Primeros Sábados Comunitarios*™ aprobada en las parroquias anima a los presentes a usufructuar el hecho de que pueden ganar una indulgencia plenaria para ellos mismos o pueden ofrecerla por un alma del Purgatorio. Al ayudar a las almas del Purgatorio, también podemos buscar su ayuda de regreso. Buscamos su ayuda para que se cumpla el triunfo del Inmaculado Corazón de María. El triunfo llegará con la instauración de la devoción al Inmaculado Corazón de María, que es lo que *Los Primeros Sábados Comunitarios*™ tiene como objetivo lograr.

Nuestra Señora continuó y preguntó a los niños si estarían dispuestos a ofrecerse a Dios y sobrellevar todos los sufrimientos que Él deseaba enviarles como un acto de reparación por los pecados por los que Él es ofendido y en petición por la conversión de los pecadores. Esto parece muy similar a lo que dijo el Ángel en su segunda aparición, excepto por una diferencia muy significativa. Mientras que el Ángel les dijo a los niños que ofrecieran todo lo que hacen, Nuestra Señora fue más allá. Ella les pidió que se ofrecieran a sí mismos. Los mismos niños deben ser un sacrificio, o almas víctimas como nuestro Salvador crucificado. Esta ofrenda puede implicar una participación espiritual en la Cruz en lugar de una participación física o corporal en la pasión de Cristo que sería fuera de lo común.

Además, podemos ofrecer todo lo que hacemos como sacrificio, particularmente nuestros deberes diarios, y especialmente nuestros sufrimientos diarios. Como dijo Jesús: «El que quiera venir detrás de mí, que renuncie a sí mismo, que cargue con su cruz cada día y me siga» (Lc. 9, 23). La gracia de Dios será nuestro consuelo. Veremos que el tema del sacrificio se verá más profundamente en las próximas dos apariciones y se incentiva a partir de entonces.

Memorias de la Hermana Lucía

Fue al pronunciar estas últimas palabras (la gracia de Dios, etc...) cuando abrió por primera vez las manos comunicándonos una luz tan intensa como un reflejo que de ellas se irradiaba, que nos penetraba en el pecho y en lo más íntimo del alma, haciéndonos ver a nosotros mismos en Dios que era esa luz, más claramente que nos vemos en el mejor de los espejos. Entonces por un impulso íntimo, también comunicado, caímos de rodillas y repetíamos íntimamente:

«Oh Santísima Trinidad, yo te adoro. Dios mío, Dios mío, te amo en el Santísimo Sacramento».

Comentario

No es coincidencia que cuando Nuestra Señora dijo «la gracia de Dios», una luz intensa fluyó de sus manos. También sucedió de una manera muy similar en su aparición a Santa Catalina Labouré en 1830. En esta última visión, la luz que fluye simboliza la mediación de gracias de Nuestra Señora. La gracia puede penetrar en nuestros corazones y en lo más profundo de nuestra alma. Como resultado de tal gracia, los niños pudieron verse a sí mismos en Dios. Esto no es el Cielo ni una visión beatífica, pero es una experiencia mística extraordinaria. En cualquier caso, el crecimiento espiritual requiere autoconocimiento. Nuestra mayor oportunidad de adquirir este autoconocimiento de forma regular es a través del Sacramento de la Penitencia. Para cumplir con los *Primeros Sábados*, Nuestra Señora luego nos pedirá que nos confesemos al menos una vez al mes.

Seguido del autoconocimiento, una gracia movió a los niños a arrodillarse y a repetir una breve oración dirigida a la Santísima Trinidad. Con esto seguro recordaremos la oración enseñada por el Ángel en su tercera aparición también dirigiéndose a la Santísima Trinidad. Pues, tal como en esa oración, el primer acto es adorar a Dios. Sin embargo, como en una especie de abreviatura de esa oración de reparación, los niños se sintieron inspirados a decir una oración más corta que expresaba su amor por Dios en el Santísimo Sacramento. Si bien este amor tiene un valor meritorio, también tiene un valor satisfactorio. Es el valor satisfactorio de un acto de amor lo que nos permite reparar los pecados que ofenden a Dios. Si bien es beneficioso decir esta oración en cualquier momento, también podría ser apropiado decirla después de recibir la Sagrada Comunión. Podría ser parte de nuestra ofrenda de la Comunión de Reparación en la devoción de los *Primeros Sábados*.

Memorias de la Hermana Lucía

Pasados los primeros momentos, Nuestra Señora añadió:

—Recen el Rosario todos los días, para alcanzar la paz para el mundo y el fin de la guerra.

En seguida comenzó a elevarse suavemente, subiendo en dirección al naciente, hasta desaparecer en la inmensidad de la lejanía. La luz que la rodeaba iba como abriendo camino en la bóveda de los astros, motivo por el cual alguna vez dijimos que habíamos visto abrirse el Cielo.

Comentario

En las seis apariciones de mayo a octubre, Nuestra Señora pidió que se rezara el Rosario todos los días. Promover los *Primeros Sábados* ayuda a fomentar el rezo del Rosario diario y a reforzar nuestra capacidad de rezarlo mejor mediante la práctica de la meditación separada y adicional en los Misterios del Rosario. Con *Los Primeros Sábados Comunitarios*™ se procura brindar la mejor manera posible de promover el Rosario al demostrar la forma en que las devociones deben acompañar la Liturgia, especialmente a la Misa. Además, al hacer uso de la Sagrada Escritura para la meditación separada y adicional, uno puede recordar más fácilmente la Escritura relacionada con los Misterios al rezar el Rosario con las cuentas. Finalmente, *Los Primeros Sábados Comunitarios*™ como práctica pública da testimonio visible continuamente en cuanto a la importancia del Rosario en la parroquia, y así promueve el Rosario.

En el pasaje anterior, Nuestra Señora pidió que se rezara el Rosario para obtener la paz para el mundo y el fin de la guerra. Ciertamente, llegó el final de la Primera Guerra Mundial. Se podría decir que se produjo una especie de aparente paz. Sin embargo, esta no era la paz del Evangelio arraigada en el amor a Dios y al prójimo. Faltaba en gran medida una de las condiciones esenciales para la paz, más concretamente, la justicia. Además, Rusia estaba pasando por una revolución que terminó en un gobierno comunista, y eso tendría consecuencias devastadoras en todo el mundo.

Luego, Nuestra Señora comenzó a elevarse hacia el este hasta desaparecer. Esto se repetiría en las seis apariciones. Esto parece ser un símbolo de la Asunción de Nuestra Señora al Cielo que se proclamó solemnemente como un dogma en 1950. Esta acción simbólica establece un vínculo estrecho entre la aparición de Nuestra Señora en Fátima y el dogma de su Asunción al Cielo. Los alrededores en Cova da Iria son muy abiertos, lo que se presta para ver cualquier fenómeno en el cielo. En comparación, vemos que en Lourdes, poco después de la definición del dogma de la Inmaculada Concepción, Nuestra Señora se apareció parcialmente rodeada por un nicho dentro de una gran cueva, lo que podría simbolizar la Inmaculada Concepción en el vientre de Santa Ana. De hecho, Nuestra Señora incluso se identificó a sí misma como la Inmaculada Concepción.

13 de junio de 1917

Memorias de la Hermana Lucía

Después de rezar el Rosario con Jacinta y Francisco y algunas personas que estaban presentes, vimos de nuevo el reflejo de la luz que se acercaba (y que llamábamos relámpago), y en seguida a Nuestra Señora sobre la encina, todo lo mismo que en Mayo.

—¿Qué quiere Usted de mí?— pregunté.

—Quiero que vengan aquí el día 13 del mes que viene; que recen el Rosario todos los días y que aprendan a leer. Después diré lo que quiero.

Comentario

Los niños y algunas otras personas se prepararon para la aparición de Nuestra Señora rezando juntos el Rosario. En *Los Primeros Sábados Comunitarios*™ rezamos el Rosario juntos para prepararnos para la venida de Nuestro Señor en la Misa.

Después de que la gente rezara el Rosario y después de que apareciera Nuestra Señora, Lucía le preguntó qué quería de ella. Después de pedir el Rosario diario, la siguiente petición de Nuestra

Señora fue que Lucía aprendiera a leer. Aprender a leer es esencial para la misión de Lucía. Con la lectura, la Hermana Lucía adquirió un gran conocimiento de la Sagrada Escritura. Usó profusamente las Escrituras en su libro *Llamadas del mensaje de Fátima* para explicar este mensaje. En cualquier caso, escribir requiere lectura. Como vemos, es claro que escribir era parte de la misión de Lucía. La lectura la preparó para escribir sus memorias y cartas, y también otros escritos. Más adelante, mostraremos cómo el desarrollar una familiaridad con las Escrituras puede ser una ayuda poderosa para cumplir con los *Primeros Sábados* y también para ayudarnos a rezar el Rosario.

Memorias de la Hermana Lucía

Pedí la curación de un enfermo.

—Si se convierte, se curará durante el año.

—Quería pedirle que nos llevase al Cielo.

—Sí; a Jacinta y a Francisco los llevaré pronto. Pero tú quedarás aquí algún tiempo más. Jesús quiere servirse de ti para darme a conocer y amar. Él quiere establecer en el mundo la devoción a mi Inmaculado Corazón.*

—¿Me quedo aquí sola? — pregunté, con pena.

—No, hija. ¿Y tú sufres mucho? No te desanimes. Yo nunca te dejaré. Mi Inmaculado Corazón será tu refugio y el camino que te conducirá hasta Dios.

*La siguiente nota a pie de página se incluye con el texto anterior: "Aquí Lucía, tal vez por la prisa omite el final del párrafo, que en otros documentos dice: A quien la abrazare, le prometo la salvación; y estas almas serán amadas por Dios, como flores puestas por mi para adornar su trono" (p. 175).

Las memorias de la Hermana Lucía que acabamos de leer confirman que ella iba a permanecer en la tierra para llevar a cabo su misión. Su misión fue anunciada en palabras de Nuestra Señora como: "hacerme conocer y amar" y «establecer en el mundo, la devoción a mi Inmaculado Corazón». Dar a conocer y amar a Nuestra Señora es una condición necesaria antes de que pueda haber devoción a su

Inmaculado Corazón. El amor y la devoción dependen del conocimiento. Por lo tanto, necesitamos saber más sobre las prerrogativas de Nuestra Señora tal como las enseñó el Magisterio de la Iglesia, así como los doctores y santos de la Iglesia y aquellos que nos presentan fielmente estas enseñanzas. Necesitamos conocer a Nuestra Señora como Virgen e Inmaculada. Necesitamos saber más sobre su gran dignidad como Madre de Dios y, en nuestros tiempos, aún más sobre el significado de su Maternidad Espiritual. Nuestra Señora comenzó a cumplir su Maternidad Espiritual mediante su cooperación en nuestra redención. Ella continúa actuando como nuestra Madre, como nuestra Abogada y mediando todas las gracias que nos llegan de Su Hijo.

Si bien la Iglesia ya enseña esta Maternidad Espiritual de Nuestra Señora, un dogma acerca de Nuestra Señora como nuestra Madre Espiritual ciertamente ayudaría mucho a sus hijos a conocer y amar mejor su Corazón Materno, así como a brindarle el honor especial que se merece. Una de las razones por las que Nuestro Señor dijo que es necesaria la devoción de los *Primeros Sábados*, es para hacer reparación por las ofensas contra la Maternidad Espiritual de Nuestra Señora. Discutiremos esto más adelante.

El conocer el amor que Nuestra Santísima Madre nos tiene, puede ayudarnos a responder a ese amor. Nuestra Señora incluso nos ayuda a hacer esto con las gracias que proporciona. Una ayuda poderosa se encuentra en la devoción a su Inmaculado Corazón.

El amor maternal de Nuestra Señora está simbolizado por su Corazón. La palabra «corazón» aparece en el Viejo Testamento más de 800 veces. La gran mayoría de estas se refiere a la vida interior, que puede ser el intelecto, la voluntad, la memoria o la imaginación. El corazón es el lugar donde comienzan todos nuestros actos, buenos y malos. Vemos en la Escritura que Nuestra Señora pondera y guarda todas estas cosas en su Corazón (cf. Lc. 2, 19, 2, 51). Jesús nos dice que aprendamos de Él que es manso y humilde de corazón (Mt 15, 18-19); también nos dice que los actos inmorales proceden del corazón (Mt. 15, 18-19). Así, por la gracia santificante se forman las virtudes en el corazón. Estas virtudes son destruidas por los pecados graves. Las mayores virtudes son la Fe, la Esperanza y la Caridad. La mayor de todas las virtudes y actos es la Caridad o el Amor. Por lo tanto, la devoción al Sagrado Corazón de Jesús y al Inmaculado Corazón de María se centra en el Amor por encima de cualquier otro acto o virtud. El amor ardiente de Jesús y María por Dios y por nosotros está representado por una llama.

La manera en la que podemos responder al amor de Jesús y al amor de nuestra Santísima Madre es consagrarnos a ellos y ofrecer reparación al Sagrado Corazón de Jesús y al Inmaculado Corazón de María por los pecados cometidos contra ellos. Esto es especialmente cierto para los pecados cometidos en contra de Jesús en la Sagrada Eucaristía y las prerrogativas de Nuestra Señora. Además, la meditación en los Misterios del Rosario puede ser especialmente útil para imitar los Corazones de Jesús y María.

Consagrarnos al Sagrado Corazón de Jesús a través del Inmaculado Corazón de María fortalece el fundamento de nuestra reparación a los Corazones de Jesús y María. Así, la consagración al Sagrado Corazón de Jesús a través del Inmaculado Corazón de María es una renovación de nuestra consagración y de nuestros votos bautismales. No solo fuimos ungidos como reyes y profetas, sino también como sacerdotes, que significa que hay que ofrecer oración y sacrificio en reparación por los pecados y en súplica por los pecadores.

Las palabras «para establecer en el mundo la devoción a mi Inmaculado Corazón» se repetirán nuevamente en la siguiente aparición. No obstante, para entender lo anterior, examinemos la palabra «establecer» en las definiciones aceptadas. Establecer algo significa hacer algo de forma permanente, visible y conocido ampliamente. Dar a conocer algo ampliamente es hacerlo público. Para que algo sea ampliamente conocido en la Iglesia, debe ser aprobado.

Por consiguiente, al querer establecer la devoción al Inmaculado Corazón de María, Dios quiere que tengamos una devoción permanente, regular y pública a Nuestra Madre. Aunque la devoción se pudiera practicar en privado, no es suficiente.

Además, Nuestra Señora dijo, «en el mundo». Esto significa que la devoción debe ser practicada públicamente en todo el mundo.

La consagración al Inmaculado Corazón de María, que va a ser mencionada en la aparición del mes siguiente, no aplica en este sentido, ya que esta consagración sí fue pública, pero se cumplió en un solo día, por lo que no es continuamente visible. Como se logró en un solo día, la consagración misma no puede establecer en el mundo la devoción al Inmaculado Corazón de María como tal, pero sí que puede ser el principio. Sin embargo, cuando hablamos de establecimiento o instauración de la devoción al Inmaculado Corazón de María, la devoción de los *Primeros Sábados* puede ser lo que se necesita, puesto que es practicada públicamente y de manera visible en las parroquias con aprobación eclesial, y puede ser continua y permanente. Estas características las tiene *Los Primeros Sábados Comunitarios*™ como veremos más adelante.

La devoción al Inmaculado Corazón de María podría llamarse el tema principal y distintivo del mensaje de Fátima. Esta devoción no debe verse como algo separado de la devoción al Sagrado Corazón de Jesús, sino como un medio para hacer más completa nuestra devoción al Sagrado Corazón de Jesús.

Ciertamente, la devoción al Inmaculado Corazón de María ya existía en el mundo en ese momento, por lo que con las palabras «establecerse en el mundo» no se trataba de iniciar la devoción, sino de integrarla más a la vida de la Iglesia. De hecho, la difusión del mensaje de Fátima ciertamente ha ayudado a hacer esto, pero hay mucho más por hacer. La próxima aparición de Nuestra Señora revelará dos peticiones especiales de devoción a su Inmaculado Corazón. El cumplimiento de estas dos peticiones especiales puede llevar a los fieles a una devoción más completa al Inmaculado Corazón de María y, por tanto, a una devoción más completa al Sagrado Corazón de Jesús, especialmente en la Sagrada Eucaristía. Nuestra Señora ha prometido que si se cumplen estas peticiones se alcanzará un período de paz en el mundo y la salvación de muchas almas. Esto significa que el mundo como lo conocemos será completamente transformado. Todas las naciones vendrán a la Iglesia Católica purificada. Aún así, es urgente que no perdamos tiempo en hacer lo que Nuestra Madre nos ha pedido. Ya hemos mencionado una de estas peticiones, los *Primeros Sábados*. Pero falta mucho por hacer para difundir esta devoción. La aprobación de la devoción de *Los Primeros Sábados Comunitarios*™ ha sido diseñada para facilitar su difusión y establecimiento en todo el mundo. Esta obra puede ser el papel de los fieles en el triunfo del Inmaculado Corazón de María.

A continuación, vemos que el permanecer sola en la tierra traerá un gran sufrimiento a Lucía. Sin embargo, Nuestra Señora le asegura que no la abandonará, pues su Inmaculado Corazón será su refugio y el camino que la llevará a Dios. El Hijo de Nuestra Señora, que es una Persona Divina, es el único mediador entre Dios y el hombre al asumir la naturaleza humana. Al mismo tiempo, Nuestra Señora media con Dios a través de Jesús por medio de Su Sagrada Humanidad. El Inmaculado Corazón de María media entre Jesús y nosotros; no obstante, Nuestra Señora no se interpone entre nosotros y Jesús, sino que nos lleva a Jesús y Jesús viene a nosotros. Además, para su santificación y en su mediación, Nuestra Señora siempre depende y está subordinada a Jesús por Su Sagrada Humanidad.

Memorias de la Hermana Lucía

Fue en el momento en que dijo estas palabras, cuando abrió las manos y nos comunicó, por segunda vez, el reflejo de esa luz inmensa. En ella nos veíamos como sumergidos en Dios. Jacinta y Francisco parecían estar en la parte de la luz que se elevaba al Cielo y yo en la que se esparcía sobre la tierra. Delante de la palma de la mano derecha de Nuestra Señora estaba un corazón, cercado de espinas, que parecían estar clavadas en él. Comprendimos que era el Inmaculado Corazón de María, ultrajado por los pecados de la Humanidad, que pedía reparación.

He aquí, Exmo. y Reverendísimo Sr. Obispo, a lo que nos referíamos cuando decíamos que Nuestra Señora nos había revelado un secreto en el mes de junio. Nuestra Señora no nos mandó aún, esta vez, guardar secreto; pero sentíamos que Dios nos movía a eso.

Comentario

Nuevamente, Nuestra Señora abrió sus manos y se sumergieron los niños en el reflejo de esa luz. Se vieron a sí mismos en esta luz, «por así decirlo, inmersos en Dios». Jacinta y Francisco estaban en esa parte de la luz que se elevaba al cielo. Esto podría significar que Jacinta y Francisco recibirían las gracias que los prepararían para el Cielo en poco tiempo. Por otro lado, Lucía estaba inmersa en esa luz que podría haber representado las gracias que le serían dadas durante su larga misión en la tierra.

Los niños vieron el Corazón de Nuestra Señora rodeado de espinas que lo perforaban frente a la palma de su mano derecha. Los niños volverán a ver este Corazón traspasado el mes siguiente, y Lucía también lo verá en dos de las tres apariciones después de Fátima. Los niños entendieron que el Inmaculado Corazón de María estaba ultrajado por el pecado y que con esto, ella pedía reparación. Hay que tener en cuenta este simbolismo de buscar reparación por los pecados, ya que se repetirá en manifestaciones similares en la tercera parte del secreto y después de las apariciones en Fátima.

Si bien hacer reparación es una cuestión de justicia que le debemos tanto a Dios como a nuestro prójimo cuando los ofendemos; como Madre de Dios y nuestra Madre espiritual, la reparación se debe a ella más que a nadie después de Jesús y de las otras dos Personas de la Santísima Trinidad. Una de las razones por las que fracasamos en nuestros intentos de lograr la justicia en el mundo es porque no tratamos de hacer reparación primero a Jesús y Su Madre. Además, si deseamos practicar las obras de misericordia espirituales y corporales, ¿no deberíamos primero mostrar misericordia a Jesús y a Su Madre? Simeón había profetizado: «Y a ti misma una espada te atravesará el corazón. Así se manifestarán claramente los pensamientos íntimos de muchos» (Lc. 2, 35). Parecería que el sufrimiento fue mayor para Nuestra Señora cuando Nuestro Señor sufrió y murió en la Cruz a causa de nuestros pecados. ¿Qué revela el sufrimiento de nuestra Madre inocente e inmaculada sobre nuestros corazones?

No cabe duda de que cuando Nuestra Señora pidió la consagración a su Inmaculado Corazón, enfatizó la reparación más que cualquier otra cosa en la práctica de la devoción a su Corazón. La devoción de los *Primeros Sábados* representa la práctica más completa de reparación al Inmaculado Corazón de María. Ninguna otra forma de reparación puede compararse siquiera con la Comunión de Reparación que no sea el Sacrificio de la Misa.

La devoción de los *Primeros Sábados* incluye la Comunión de Reparación junto con las demás prácticas de apoyo, en el día en que se honra a Nuestra Señora. Estas otras prácticas de apoyo, que son la Confesión, el Rosario y la meditación separada y adicional en compañía de Nuestra Madre durante 15 minutos, cada una en reparación al Inmaculado Corazón de María, están destinadas a disponer a los fieles a recibir la Sagrada Comunión de manera más fructífera (cf. Condiciones de los Primeros Sábados, p. 131).

Además, *Los Primeros Sábados Comunitarios*™ ofrece a los fieles la oportunidad de hacer, más eficazmente, esta devoción en comunidad, dando testimonio visible y en un orden compatible con *Marialis Cultus* (San Pablo VI). Recordemos que también los niños de Fátima buscaban hacer oración juntos, en comunidad.

13 de julio de 1917

Memorias de la Hermana Lucía

Momentos después de haber llegado a Cova de Iría, junto a la carrasca, entre una numerosa multitud del pueblo, estando rezando el Rosario, vimos el resplandor de la acostumbrada luz y, en seguida, a Nuestra Señora sobre la carrasca.

—¿Qué quiere Usted de mí? — pregunté.

—Quiero que vengan aquí el día 13 del mes que viene; que continúen rezando el Rosario todos los días, en honor de Nuestra Señora del Rosario, para obtener la paz del mundo y el fin de la guerra, porque sólo Ella lo puede conseguir.

Comentario

Las primeras palabras pronunciadas por Lucía son las mismas palabras que pronunció en las dos apariciones anteriores. «¿Qué quiere Usted de mí?» No se trata de lo que Lucía quiere para sí misma, sino de lo que Nuestra Señora quiere. Y nosotros, ¿le hacemos esta pregunta a Nuestra Señora?

Para obtener la paz debemos comenzar con la oración. Nuestra Señora habla de la paz del Evangelio. Esta es una paz que brota primero del amor de Dios y luego del amor al prójimo. Este amor es el resultado de la gracia del Espíritu Santo derramada en nuestros corazones. Esta paz no es sólo interior, sino que se extiende desde el corazón hacia el mundo trayendo la paz entre pueblos y naciones.

Al pedir que el Rosario se rece todos los días en honor a Nuestra Señora del Rosario para obtener la paz para el mundo, Nuestra Madre declara que «solo ella puede ayudarlos». ¿Esto significa que Jesús no puede ayudarnos o que los santos no pueden ayudarnos? No, Nuestra Señora depende y está totalmente subordinada a Jesús. Sin embargo, las gracias solo se pueden obtener de Jesús a través de ella, incluida la gracia de la paz. Cuando Nuestra Señora consintió libremente en que Jesús viniera al mundo, consintió en que toda la gracia y la verdad vinieran al mundo en la Persona de Jesús. Nuestra Señora no tiene ahora un papel menor en el Cielo. Como dice la Escritura: «Está bien, servidor bueno y fiel, le dijo su señor, ya que respondiste fielmente en lo poco, te encargaré de mucho más: entra a participar del gozo de tu Señor» (Mt. 25, 21). Estaríamos negando la palabra de Dios si dijéramos que Nuestra Santísima Madre tiene un papel menor ahora en el Cielo.

Si Nuestra Señora obtiene todas las gracias de su Hijo, ¿pueden los santos ayudarnos? Si. Sin embargo, debe entenderse que los santos en el Cielo dependen de Nuestra Señora cuando interceden por nosotros, así como dependieron de ella cuando oraban en la tierra. Nosotros siempre dependemos de nuestra Santísima Madre ya sea que nos demos cuenta o no. Sin embargo, ser conscientes de esta dependencia nos permite actuar con mayor humildad y eficacia.

Memorias de la Hermana Lucía

—Quería pedirle que nos dijera quién es Ud., que haga un milagro para que todos crean que Ud. se nos aparece.

—Continúen viniendo aquí todos los meses. En octubre diré quién soy, y lo que quiero y haré un milagro que todos han de ver para creer.

Aquí hice algunas peticiones que no recuerdo bien cuáles fueron. Lo que sí recuerdo es que Nuestra Señora dijo que era preciso rezar el Rosario para alcanzar esas peticiones durante el año. Y continuó:

—Sacrifíquense por los pecadores, y digan muchas veces, en especial cuando hagan algún sacrificio: «Oh Jesús, es por tu amor, por la conversión de los pecadores y en desagravio por los pecados cometidos contra el Inmaculado Corazón de María».

Comentario

Lucía le preguntó a la mujer celestial quién era y le pidió que hiciera un milagro para que todos creyeran en las apariciones. Este milagro sería un medio para llevar a muchos de regreso a la Fe en Dios y Su Iglesia. Nuestra Señora dijo que haría estas cosas solicitadas por Lucía en octubre, y también les diría a los niños lo que ella quiere. El milagro no solo será una prueba de las apariciones sino también de lo que dijo Nuestra Señora cuando se apareció. Nuevamente, el énfasis en las tres primeras apariciones está en el mensaje, alcanzando un punto álgido en julio. Las siguientes tres apariciones enfatizan las pruebas del mensaje.

En esta parte del mensaje de julio que acabamos de leer, Nuestra Señora volvió a mencionar una espiritualidad más avanzada del sacrificio al decir: «Sacrifíquense por los pecadores». Anteriormente, también se habló del sacrificio en términos de acciones y sufrimiento. Aquí Nuestra Señora habla de ofrecerse como sacrificio. De esta manera imitamos a Jesús que se sacrificó como víctima en la Cruz por los pecadores.

Nuestra consagración bautismal ya nos ha marcado como sacerdotes, profetas y reyes. Este sacerdocio universal nos llama a ofrecer sacrificios y a orar. Esto significa que podemos ofrecer lo que hacemos, lo que sufrimos y a nosotros mismos por los pecadores. Por lo tanto, esperamos hacer reparación por los pecados del mundo en la medida en que Dios nos permita hacerlo, y eliminar cualquier obstáculo para el otorgamiento de la gracia, así como obtener esa gracia.

Luego, Nuestra Señora dio a los niños una oración para que la dijeran con frecuencia siempre que hicieran un sacrificio. La oración comienza, «Oh Jesús, esto es por amor a ti». Las virtudes teologales son las más importantes de todas. Estas son Fe, Esperanza y Caridad (Amor), siendo esta última el motivo de esta oración. Sin Fe no puede haber Esperanza, y sin Esperanza no puede haber Amor, pero la más grande todas es el Amor (cf. I Cor. 13, 13). La virtud del Amor se manifiesta amando a Dios primero y luego al prójimo. El Amor es también la madre de todas las virtudes y sus actos. Del Amor se derivan todas las demás virtudes y sus actos.

Además, cuanto mayor es el acto de Amor, mayor es el valor meritorio y satisfactorio (reparador) del acto. El amor es la razón de ser de un auténtico sacrificio y de practicar todas las virtudes sobrenaturales. Sin amor, las otras virtudes no tienen ningún valor duradero. Así, la oración anterior expresa que por amor uno puede ofrecer sacrificios, es decir, ofrecer un acto de la virtud de la religión. Esos sacrificios pueden estar motivados por un acto de amor, el amor por Jesús, Quien es Dios y hombre a la vez. Este acto de amor puede consolar a Dios y reparar los pecados que lo ofenden.

Enseguida vemos cómo en la oración se ofrece el sacrificio por la conversión de los pecadores. La gracia de la conversión es necesaria para la paz en el mundo y la salvación de las almas. La conversión puede significar llegar a la plena participación como miembro del Cuerpo de Cristo al convertirse en Católico, o puede significar entrar y progresar en el estado de gracia santificante y en la Caridad. Todos están llamados a una conversión continua.

En la última parte de la oración, ofrecemos el sacrificio a Jesús «en reparación por los pecados cometidos contra el Inmaculado Corazón de María». Esto corresponde a la petición de reparación al Inmaculado Corazón de María en la segunda aparición de Nuestra Señora. Esta oración significa que ofreceremos todos nuestros sacrificios en reparación al Inmaculado Corazón de María. Esta oración también se puede usar en privado al recibir una Comunión de

Reparación en los *Primeros Sábados* o en cualquier otro día. Además, la oración enseñada por Nuestra Señora no impide que se agreguen otras intenciones como lo hizo Jacinta.

Debemos tener en cuenta que la reparación al Inmaculado Corazón de María es una reparación más completa al Sagrado Corazón de Jesús. El Papa Pío XII dijo que nuestra Santísima Madre estaba entre los tres mayores dones del amor del Sagrado Corazón de Jesús para nosotros (*Haurietis Aquas*, n. 69-72). El primero es Jesús mismo en la Sagrada Eucaristía, y el segundo, Nuestra Señora. El Sagrado Corazón de Jesús se ofende cuando ofendemos Sus dones. El Ángel ya había enseñado a los niños la Comunión de Reparación al Sagrado Corazón de Jesús por los pecados cometidos contra la Sagrada Eucaristía, que es el mayor de los dones de Su Corazón. Sin embargo, la reparación al Inmaculado Corazón de María abre el camino a la Sagrada Eucaristía y abre el camino para que nos lleguen las gracias de la Sagrada Eucaristía.

El tercer gran don del Sagrado Corazón de Jesús es el sacerdocio o sacramento de la Orden Sacerdotal. Recordemos que la plenitud del sacerdocio ministerial está en los obispos. Un hombre que es ordenado presbítero (del griego *presbyteroi*) tiene un triple ministerio como sacerdote, profeta y rey. Un sacerdote es alguien que media ante Dios en nombre de los demás mediante la oración y el sacrificio. El sacerdote ordenado puede actuar como mediador a nombre del pueblo, especialmente a través del ministerio sacramental de la Iglesia.

Además de esto, el presbítero también ejerce el ministerio profético, y para los obispos, el ministerio profético también puede incluir su participación en el Magisterio de la Iglesia. La enseñanza del Magisterio puede ser tanto extraordinaria como ordinaria. Por tanto, este don de la completitud del sacerdocio incluye el Magisterio de la Iglesia. Este don del Sagrado Corazón de Jesús puede así proteger nuestra Fe del error y guiarnos a una correcta comprensión de nuestra Fe.

Además de esto, el presbítero también ejerce el ministerio profético, y para los obispos esto puede incluir la participación en el Magisterio de la Iglesia, ya sea en su enseñanza extraordinaria u ordinaria. Este don del Sagrado Corazón de Jesús es capaz de proteger nuestra Fe del error y guiarnos a una comprensión correcta de nuestra Fe.

Finalmente, el presbítero también tiene un rol como rey. El rey es quien gobierna. La Iglesia tiene leyes por las que se rige. Hay muchos tipos de leyes, la ley divina, la ley natural (como por ejemplo, los Diez Mandamientos), la ley litúrgica y la ley canónica. Estas leyes son para la protección y el beneficio de los fieles pero, sobre todo, está la ley del amor a Dios y luego al prójimo. Entonces, en su papel de rey, el sacerdote ordenado debe dirigirnos y guiarnos en la forma en que debemos practicar nuestra Fe y recibir los sacramentos. Esta guía se puede encontrar en documentos como el *Catecismo de la Iglesia Católica*, el derecho canónico, el derecho litúrgico y otros escritos. Como veremos, el don del sacerdocio (presbiterado) juega un papel importante y esencial en el mensaje de Fátima porque sin sacerdotes ordenados, no hay Iglesia.

Memorias de la Hermana Lucía

Al decir estas últimas palabras, abrió de nuevo las manos como en los meses pasados. El reflejo parecía penetrar en la tierra y vimos como un mar de fuego. Sumergidos en ese fuego, los demonios y las almas, como si fuesen brasas transparentes y negras o bronceadas, con forma humana que fluctuaban en el incendio, llevadas de las llamas que de ellas mismas salían, juntamente con nubes de humo cayendo por todos los lados, semejantes al caer de las pavesas en los grandes incendios, sin peso ni equilibrio, entre gritos y gemidos de dolor y desesperación, que horrorizaban y hacían estremecer de pavor. (Debe de haber sido a la vista de esto cuando di aquel «¡Ay!», que dicen haberme oído). Los demonios distinguíanse por formas horribles y asquerosas de animales espantosos y desconocidos, pero transparentes como negros carbones en brasa.

Comentario

Esta parte de la aparición representa la primera parte del secreto de Fátima. ¿Por qué Nuestra Señora les mostraría a los niños una escena tan espantosa como esta? Esto parece ir en contra de nuestra forma de pensar contemporánea. Sin embargo, nuestra forma contemporánea de pensar tiene sus raíces en la impiedad. La psicología infantil secular ignora la Fe y el pecado original. Esto significa que a los niños se les puede enseñar una visión muy estrecha de la realidad. Al mismo tiempo, el entretenimiento secular ofrece una cantidad exacerbada de terror ficticio sin sentido.

Sin embargo, el infierno nos muestra un terror muy real a donde van personas reales. Es obvio que no deberíamos querer ir allí y tampoco deberíamos querer que nadie más vaya allí. Si quisiéramos dar un paseo por un área silvestre, y nos dicen que cerca hay un pozo muy profundo en un lugar que normalmente se pasa por alto o no se ve fácilmente, ¿no querríamos saber más al respecto para poder evitarlo? La forma en que se nos habla del infierno y cómo nos lo explican puede marcar la diferencia. Debemos siempre procurar hablar por medio del amor y no por medio de la ira. Además, se debe tomar en cuenta la madurez de la persona, especialmente del niño.

Ciertamente, los niños de Fátima estaban preparados para ver el infierno debido a las apariciones anteriores y las gracias que obtuvieron. No solo el Ángel y la Virgen se les aparecieron previamente y practicaron una intensa vida de oración, sino también Nuestra Señora les prometió el Cielo. Esta promesa les quitó el mayor temor que hubieran podido tener con respecto al infierno. Sin embargo, el hecho de ver el infierno siguió siendo aterrador. Es evidente que un niño en condiciones normales no estaría preparado para que se le mostrase tal visión. Incluso un adulto podría no estar preparado. Lo más seguro es que no aprendamos sobre el infierno viéndolo tal cual como lo hicieron los niños de Fátima. Incluso, aunque tengamos un vasto conocimiento sobre el infierno, en general aprendemos de una manera mucho menos aterradora que ellos.

¿Qué efecto tuvo la visión del infierno en los niños? Como uno podría esperar, Jacinta, la menor de los niños, fue quien más se asustó por lo que vio. Sin embargo, irónicamente, la visión pareció causar una mayor impresión en ella que en los otros niños mientras que los otros niños parecían enfatizar otros aspectos del mensaje. Debido a la visión del infierno, Jacinta fue quien más aumentó su amor por los que estaban en peligro de perder su alma. Fue Jacinta quien buscó hacer más sacrificios por las almas para que no fueran al infierno. Jacinta puede enseñarnos que a menudo perdemos de vista lo que se supone que debe lograr el conocimiento del infierno. Ciertamente, el miedo servil que podemos tener al comienzo de la vida espiritual, puede ayudarnos a tener una mayor disposición para buscar nuestra propia salvación; sin embargo, la conciencia de que existe un infierno debe conducirnos a algo mucho mayor. La enseñanza sobre el infierno debe motivarnos a querer aumentar nuestro amor al prójimo.

En cambio, si excluimos al infierno de nuestra consideración, ¿estaremos igual de motivados a sacrificarnos por la salvación de los demás? Parece ser que no estamos tan motivados para sacrificarnos por la salvación de nuestro prójimo. Es una lástima que tantos se vean privados de esta gran motivación para amar más al prójimo. También es una gran tragedia para las almas cuando el infierno no se enseña de la forma en que Jesús lo enseñó. Con gran frecuencia, muchos pasan por alto la realidad del infierno y los otros nombres que se le dan, a pesar de que aparece repetidamente en las lecturas del Evangelio. Debemos tener presente lo que Santa Faustina dijo sobre su visión del infierno. Ella dijo que «la mayor parte de las almas que allí están son las que no creían que el infierno existe» (*Diario de Santa María Faustina Kowalska*, n. 741).

Memorias de la Hermana Lucía

Asustados, y como para pedir socorro, levantamos la vista hacia Nuestra Señora que nos dijo entre bondadosa y triste:

«Han visto el infierno, a donde van las almas de los pobres pecadores; para salvarlas, Dios quiere establecer en el mundo la devoción a mi Inmaculado Corazón. Si hicieran lo que les voy a decir, se salvarán muchas almas y tendrán paz. La guerra va a acabar. Pero si no dejan de ofender a Dios, en el reinado de Pío XI comenzará otra peor. Cuando vean una noche alumbrada por una luz desconocida, sepan que es la grande señal que Dios les da de que va a castigar al mundo por sus crímenes por medio de la guerra, del hambre y de persecuciones a la Iglesia y al Santo Padre».

Comentario

Aterrados por lo que vieron, Nuestra Señora les dijo a los niños que habían visto el infierno a donde van los pobres pecadores. El advertir a los niños sobre este lugar al que van los pecadores es un acto de caridad del Inmaculado Corazón de María. Sin embargo, a los niños ya se les había dicho que irían al Cielo. Entonces, ¿cuál era el propósito de mostrarles el infierno en una visión? En cierto sentido, Nuestra Señora estaba diciendo que nuestras acciones tienen consecuencias. Nuestra Madre quiso incentivar el amor al prójimo, especialmente por los que iban camino al infierno. Posteriormente, los niños aumentaron mucho su amor por los demás, orando y sacrificándose aún más para que otros se salvaran del castigo eterno. Ayudar a salvar almas es el mayor acto de caridad hacia los demás, especialmente a través del don de la verdad. De lo contrario, si el infierno no existiera y todos fueran al cielo por toda la eternidad, ¿dónde quedaría la urgencia de actuar o incluso la necesidad de hacer algo al respecto?

¿Qué se debe hacer para salvar a tantas almas que van al infierno? Desde el comienzo del Cristianismo, se nos ha dado todo lo necesario para ser salvados del infierno. Sin embargo, esto no siempre significa que seamos conscientes de todo lo que se ha revelado para nuestra salvación. Solemos enfatizar ciertos elementos más que otros de la Revelación Pública a los que también debemos prestarles atención. También hay cosas que están contenidas en la Revelación Pública que pueden no estar claras y que pueden ser de ayuda. Además, los tiempos en los que vivimos actualmente pueden hacer que sea especialmente difícil mantener nuestra fe. También, Jesús nos formó en un solo cuerpo en el que somos mutuamente interdependientes unos de otros. Sin embargo, es posible que en ciertos momentos no podamos obtener la ayuda que necesitemos unos de otros. Incluso la confusión puede entrar en el Cuerpo de Cristo, dificultando que sus miembros vean con claridad.

Una revelación privada no agrega nada nuevo a la Revelación Pública hecha por Jesucristo a la Iglesia. Incluso el Magisterio de la Iglesia no agrega nada a la Revelación Pública, también conocida como el *Depósito de la Fe*. Sin embargo, el Magisterio de la Iglesia es fundamental para la correcta explicación de esa Revelación. No obstante, una revelación privada aprobada oficialmente por la autoridad de la Iglesia puede ser de gran ayuda para afrontar los problemas mencionados anteriormente que enfrentan los fieles. De hecho, una aparición aprobada puede ayudarnos a comprender en su totalidad lo que se haya pasado desapercibido del Depósito de la Fe. De lo contrario, podemos perder el enfoque adecuado y comenzar a desviarnos del camino correcto.

Las apariciones del Sagrado Corazón de Jesús a Santa Margarita María en el siglo XVII enfatizaron Su amor por nosotros y que Él está muy ofendido por nuestros pecados, especialmente aquellos contra la Sagrada Eucaristía. Jesús pidió la devoción a Su Sagrado Corazón y, en particular, una Comunión de Reparación los *Primeros Viernes* para hacer reparación a Su Corazón. Recordemos que, la Sagrada Eucaristía, en la que Jesús está realmente presente, es el mayor regalo de Su Sagrado Corazón para nosotros.

Nuestros tiempos carecen cada vez más de un sentido de Dios y del pecado, por lo que necesitamos más ayuda para sobrevivir a este ambiente espiritualmente contaminado en el que vivimos. Necesitamos hacer más completa nuestra devoción al Sagrado Corazón de Jesús. Nuestra Señora les dijo a los niños que para salvar las almas del infierno, "Dios desea establecer en el mundo la devoción a Mi Inmaculado Corazón". Esta devoción no tiene como objetivo competir con la devoción al Sagrado Corazón de Jesús. Muy al contrario, a través de la devoción a su Inmaculado Corazón, Nuestra Señora desea unirnos más al Sagrado Corazón de Jesús. Además, como se mencionó anteriormente, el Inmaculado Corazón de María es uno de los tres mayores dones del Sagrado Corazón de Jesús para nosotros (Papa Pío XII, *Haurietis Aquas*). No recibir con devoción este regalo de la Madre de Jesús es ofender el Sagrado Corazón de Nuestro Señor.

Nuestra Señora dijo que si hacíamos lo que nos pidió, tendríamos paz. También dijo que la guerra (la Primera Guerra Mundial) estaba por terminar, pero si la gente no dejaba de ofender a Dios, ocurriría una peor durante el reinado del Papa Pío XI.

El Papa Pío XI murió el 10 de febrero de 1939. Pareciera que esto ocurrió antes de que iniciara la guerra, pues el tiroteo comenzó el 1 de septiembre de 1939 con la invasión de Polonia por parte de la Alemania nazi. Sin embargo, la Hermana Lucía consideraba que la guerra en realidad había iniciado antes, con la anexión de Austria cuando las tropas alemanas atravesaron la frontera sin que se disparara un solo tiro. Esto ocurrió el 12 de marzo de 1938. Posteriormente, en septiembre del mismo año, la Alemania nazi anexó una parte de Checoslovaquia llamada Sudetenland. Las tropas alemanas simplemente la ocuparon sin disparar un solo tiro. Esto fue posible gracias al Acuerdo de Munich que firmaron cuatro potencias: Gran Bretaña, Francia, Italia y Alemania. Checoslovaquia no fue invitada. Dado que Gran Bretaña y Francia habían sido aliados de Checoslovaquia, se puede ver que esto fue una gran traición. El primer ministro de Gran Bretaña, Neville Chamberlain, tras la firma del acuerdo, dijo: «Paz en nuestro tiempo».

Sin embargo, Winston Churchill criticó duramente el Acuerdo de Munich y dijo que significaba guerra y no paz. Por lo tanto, se allanó el camino para la Segunda Guerra Mundial. Un acuerdo inmoral no puede traer paz. Es por eso que obtendremos paz si hacemos lo que Nuestra Madre nos pide. Por tanto, es verdaderamente un misterio el por qué las personas de buena fe buscan la paz por otros medios.

Nuestra Señora predijo una gran señal a la que seguirían sucesos trágicos: «Cuando vean una noche alumbrada por una luz desconocida, sepan que es la grande señal que Dios les da de que va a castigar al mundo por sus crímenes por medio de la guerra, del hambre y de persecuciones a la Iglesia y al Santo Padre». La Hermana Lucía admitió que esta luz desconocida había tenido lugar del 25 al 26 de enero de 1938 (cf. *Memorias de la Hermana Lucía*, p. 177). Otros dijeron que el cielo se iluminó en todo el mundo. Algunos pensaron que era una aurora boreal, pero nada tan intenso y extenso había sido visto hasta donde se pudo recordar o se había oído hablar. Era como si el cielo estuviera en llamas. Algo parecido a cortinas de fuego se podía ver en el horizonte que hacía parecer que una ciudad estaba en llamas. Los camiones de bomberos iban de un lado a otro, pero no encontraban ningún incendio (cf. *New York Times*, 26 de enero de 1938, LE, p. 25).

En cualquier caso, la guerra más grande de la historia siguió después de la luz desconocida. En realidad, la guerra comenzó cuando las tropas alemanas entraron en Austria el 12 de marzo de 1938 antes de la muerte del Papa Pío XI sin justificación ni provocación. Otras profecías también se cumplieron. La Unión Soviética Comunista (URSS) finalmente ganó el control de muchos países de Europa del Este, incluida Alemania del Este. Y no solo eso, ya que no muchos años después de la guerra, China quedó bajo el dominio comunista. Además, los errores de Rusia, que es el comunismo, se habían extendido por todo el mundo.

Además, los castigos que se mencionan en la siguiente cita se han cumplido y se siguen cumpliendo. Estos castigos continuarán hasta el fin del reinado del Anticristo. Sin embargo, hay una gran esperanza de protección para aquellos que se unan para cumplir con las peticiones de Nuestra Señora. Ella dijo: «Al final, mi Corazón Inmaculado triunfará» (13 de julio de 1917).

Memorias de Lucía

«Para impedirla, vendré a pedir la consagración de Rusia a mi Inmaculado Corazón, y la Comunión reparadora de los *Primeros Sábados*. Si atendieran mis peticiones, Rusia se convertirá y habrá paz; si no, esparcirá sus errores por el mundo, promoviendo guerras y persecuciones a la Iglesia. Los buenos serán martirizados, el Santo Padre tendrá que sufrir mucho, varias naciones serán aniquiladas. Por fin, mi Inmaculado Corazón triunfará. El Santo Padre me consagrará Rusia, que se convertirá, y será concedido al mundo algún tiempo de paz».

Comentario

Volvamos a la tercera aparición de Nuestra Señora, pues todavía tenemos que revisar lo que ella quiere que hagamos para establecer la devoción a su Inmaculado Corazón. Como solución para la guerra y los demás castigos, Nuestra Señora dijo: «Para impedirla, vendré a pedir la consagración de Rusia a mi Inmaculado Corazón, y la Comunión Reparadora de los *Primeros Sábados*».

Además de practicar diariamente la devoción al Inmaculado Corazón de María, Nuestra Señora habló de esas dos peticiones especiales que dijo que pediría más adelante. Nuestra Madre vendría más tarde a pedir estas dos peticiones especiales para que pudieran ser reveladas en otro momento diferente al del secreto. El hecho de que esta revelación estuviera separada, permitió que Lucía pudiera darlas a conocer. Aunque el secreto les haya dado a los niños una idea de cuáles serían esas dos peticiones especiales y, aunque hayan podido platicarlo entre ellos, Lucía aún necesitaba una explicación más detallada para saber cómo cumplirlas. Todo esto se aclarará cuando examinemos las apariciones posteriores a Fátima.

Nuestra Señora continuó y dijo: «Si atendieran mis peticiones, Rusia se convertirá y habrá paz; si no, esparcirá sus errores por el mundo, causando guerras y persecuciones a la Iglesia». Nuestra Señora dijo, «mis peticiones», no mi petición. Se ha dicho erróneamente que sólo la consagración de Rusia es necesaria para que su pueblo se convierta y tenga paz. Pero es evidente que ambas peticiones deben cumplirse. El Papa y los obispos hicieron su parte en la consagración del 25 de marzo de 1984.

El Pueblo de Dios también debe poner de su parte para el cumplimiento de la segunda petición en la práctica de los *Primeros Sábados*. La paz y la conversión de las naciones únicamente son posibles si el pueblo está santificado, y esto comienza con la Iglesia Católica. La devoción de los *Primeros Sábados* ha sido diseñada por el Cielo para mostrarnos cómo lograrlo.

Además, el pensar que la consagración de Rusia es lo único necesario para su conversión, implica pasar por alto el secreto del 13 de julio de 1917 y las locuciones de Nuestro Señor a Lucía durante la década de 1930. Asimismo, Nuestro Señor le dijo a Lucía que cuando se cumpliera la consagración de Rusia, la persecución se detendría, mas no se refería a su conversión. La promesa del fin de la persecución implicaba que volvería a haber libertad religiosa en Rusia (véase más adelante, Cartas y Locuciones, 29 de mayo de 1930, p. 117). (Nuestro Señor Jesús no dijo que cumplir con la primera petición fuera suficiente para lograr la conversión total de Rusia). De hecho, poco después del acto de consagración colegial el 25 de marzo de 1984, la Unión Soviética comenzó a colapsar y la persecución religiosa dio paso a una mayor libertad religiosa. Esta gran victoria que ocurriría en el siglo veinte fue profetizada por San Juan Bosco. Él también profetizó que una victoria aún mayor ocurriría más adelante. Este santo vio esta victoria en un sueño que parece corresponder al periodo de paz prometido por Nuestra Señora. La conversión de Rusia se daría por completo en ese tiempo. Desde la caída de la Unión Soviética hasta al menos recientemente, la práctica del cristianismo ha seguido creciendo en Rusia, mientras que está disminuyendo en Occidente.

Más aún, la idea de que la consagración colegial por sí misma es necesaria para lograr la conversión de Rusia parece entrar en conflicto con la teología, así como con las propias palabras de Nuestra Señora. El camino a la paz debe tener su comienzo en Jesús, a través de Su Iglesia y sus miembros, no solo de una persona humana que inicia el acto de consagración. Como ya se mencionó, Nuestra Señora confirmó esto diciendo: «Si atendieran mis peticiones, Rusia se convertirá y habrá paz». Aquí ella habla de las dos peticiones especiales: siendo la primera la consagración; *y* la segunda, los *Primeros Sábados*. Es lamentable, por decirlo de alguna manera, que muchos no comprendan la gran importancia de la segunda petición que todos estamos llamados a cumplir. El cumplimiento de la devoción de los *Primeros Sábados* traerá la santificación necesaria para obtener la verdadera paz. Sin esta santificación, una verdadera paz es imposible.

Cabe mencionar que, no lejos de Fátima, vivía una mujer llamada Alejandrina que estaba confinada en su cama, y que vivía y difundía el mensaje de Fátima, especialmente la devoción de los *Primeros Sábados*. En la década de 1930, por medio de las locuciones que tuvo quien ahora es la Beata Alejandrina, Nuestro Señor dio a conocer que quería que el mundo entero fuera consagrado al Inmaculado Corazón de María. Esta solicitud tenía sentido dado que las ideas del comunismo se estaban extendiendo rápidamente de Rusia al resto del mundo. Así, la consagración colegial del mundo al Inmaculado Corazón de María con la intención de incluir a Rusia, se pudo cumplir con la petición de Nuestra Señora. San Juan Pablo II tenía la intención de cumplir lo que ella había pedido.

La Hermana Lucía confirmó en 1989 que la consagración sí se había llevado a cabo y, en el año 2000, fue confirmado nuevamente por la Iglesia (*El Mensaje de Fátima*, www.vatican.va). Sin embargo, hay quienes cuestionan la posición oficial de la Iglesia en cuanto a la validez de la consagración. Esta opinión afirma que la consagración no se ha cumplido y que el Papa tiene todavía que cumplir con la petición de Nuestra Señora.

Otros también argumentan que San Juan Pablo II no mencionó a Rusia en la consagración. Es importante indicar que Nuestra Señora simplemente dijo que pediría la consagración de Rusia, pero ella nunca dijo que Rusia debía ser mencionada explícitamente. Tampoco excluyó una consagración implícita de Rusia. Por tanto, la interpretación correcta debería dejarse a la autoridad de la Iglesia, como decía la misma Hermana Lucía. De hecho, si la Iglesia no hace una declaración autorizada sobre el cumplimiento de una solicitud hecha en una aparición, no habría forma de saber si se ha hecho o no. Ella objetó que las consagraciones previas a 1984 no se habían hecho apropiadamente. Sin embargo, estuvo de acuerdo con la que hizo San Juan Pablo II junto con los obispos en ese mismo año.

Consideremos ahora la consagración desde otra perspectiva. Si Rusia no fue consagrada en 1984, ¿eso significa que las otras naciones del mundo no fueron consagradas? Además, cuando el Papa incluyó a «aquellos hombres y naciones, que necesitan especialmente esta entrega y esta consagración» (*El Mensaje de Fátima*, vatican.va), ¿significa que ninguna de esas naciones fue consagrada? Es importante señalar que ninguna nación fue mencionada por su nombre. Si Rusia y las demás naciones del mundo no fueron consagradas, ¿por qué habría de hacerse entonces una consagración? Por supuesto que esto no tendría sentido.

Por lo tanto, como la consagración se cumplió como proclama la Iglesia, significa que solo quedan por cumplirse los *Primeros Sábados*. Por lo que, hacer la devoción de los *Primeros Sábados* debe ser el propósito de todos nosotros.

Cabe mencionar que muchos de los que sostuvieron que la consagración no había sido hecha por San Juan Pablo II aceptaron la nueva consagración de Rusia por parte del Papa Francisco que se hizo el 25 de marzo de 2022 como cumplimiento del pedido de consagración de Nuestra Señora. Así que, insistimos en que los *Primeros Sábados* quedan por cumplirse.

Sabemos que hacer la devoción de los *Primeros Sábados* de forma individual es aceptable. Sin embargo, si solo se practica individualmente, ¿cómo sabremos que se está cumpliendo con la petición de Nuestra Señora? ¿Cómo podrá el mundo atribuirle el triunfo? *Los Primeros Sábados Comunitarios*™ proponen una solución a este problema, la cual implica hacer los *Primeros Sábados* de forma comunitaria. Así habrá testimonio visible de la práctica de los *Primeros Sábados* de la manera en que lo pidió Nuestra Señora, facilitando el cumplimiento de la devoción a cada persona y a un mayor número de personas. Es posible que en el intento de cumplir con la petición de Nuestra Madre olvidemos alguna de las condiciones necesarias. *Los Primeros Sábados Comunitarios*™ ayuda a prevenir estas omisiones.

Volvamos a la memoria de la Hermana Lucía. Nuestra Señora dijo que, si sus peticiones no se cumplían, Rusia esparciría sus errores por todo el mundo. Con esto Nuestra Señora explica el motivo por el cual era importante que la consagración de Rusia se hiciera en ese entonces. Sin embargo, como ya hemos visto, en la década de 1930, Rusia ya había esparcido sus errores por todo el mundo con mayor consecución de la que uno hubiera podido imaginar (cf. Papa Pío XI, *Divini Redemptoris*, n. 17). Incluso los errores de Rusia, es decir, el Comunismo, se infiltraron en la Iglesia Católica.

Con la caída del comunismo en Rusia en 1991, ya no existía la razón para consagrar Rusia de una manera especial. Sin embargo, muchas otras naciones continuaron difundiendo los errores del comunismo por todo el mundo. Por lo tanto, necesitaban consagrarse. Ciertamente, Rusia estaría incluida en cualquier consagración del mundo.

Es interesante ver cómo en 1920, Rusia (que se convirtió en el miembro controlador de la Unión Soviética) se convirtió en la primera nación en legalizar el aborto desde que reina el paganismo. Lenin había estado predicando que una mujer tiene derecho a decidir sobre su propio cuerpo (por supuesto que un bebé tiene un cuerpo distinto al de su madre). Además, el aborto se convirtió en la piedra angular del estado comunista. Esta legalización del aborto estableció la afirmación de que los derechos provienen del estado, no de Dios, cuya existencia misma es negada por el estado comunista.

Además, la legalización del aborto hizo incluso mucho más que destruir el derecho a la vida, sobre el cual se basan todos los demás derechos. La legalización del aborto se convirtió en el medio principal para destruir a la familia y negar los derechos del padre, pues solo la madre podía reclamar «el derecho» de matar al niño, según lo decidido por el gobierno. Por lo tanto, al padre se le negó el derecho de proteger a su hijo. Esta negación de los derechos del padre debilitó el interés del padre de asumir la responsabilidad de la familia. Al perder el sentido de la responsabilidad, los hombres se volvieron más dispuestos a explotar a las mujeres. Como resultado, el matrimonio y la familia se debilitaron enormemente. De todas estas formas el gobierno soviético y los otros gobiernos comunistas lo aprovecharon para obtener un mayor control sobre la gente no solo pretendiendo tomar el lugar de Dios sino también de la familia. Hoy en día, esto sigue siendo una realidad en otros países.

Al mismo tiempo, la Unión Soviética atacó la maternidad no solo mediante el aborto, sino también presionando a las mujeres para que ingresaran a la fuerza laboral. Con ambos padres ausentes en el hogar, el gobierno tuvo la oportunidad de usurpar el derecho de los padres de educar a sus propios hijos. Del mismo modo, al aumentar la mano de obra a tal grado, se hizo posible pagar menos por un trabajo y no pagar lo que en realidad valía el trabajo de la gente. Con esta fuerza de trabajo ampliada, el gobierno daba la apariencia de que apoyaba a las mujeres, mientras que, de hecho, las esclavizaba. Sin embargo, hay una Señora, nuestra Santísima Madre, que dará su lugar tanto a las mujeres como al resto de la humanidad.

Además, el gobierno también negó el derecho a todas las formas de propiedad privada que pudieran ser acumuladas por el trabajo de las personas. El *Manifiesto Comunista* exige fuertes impuestos como un medio para confiscar propiedades y centralizar el poder.

Asimismo, una de las características del comunismo es que actualiza continuamente sus métodos de engaño a medida que cambian el tiempo y las circunstancias. El control de los medios de comunicación y de la educación permite que el comunismo eduque las mentes de los ciudadanos, especialmente de los jóvenes. El comunismo usa muchos nombres alternativos como parte del engaño. También cambia gradualmente el significado de las palabras con las que propaga sus errores por el mundo.

Entre los derechos que han sido negados por el comunismo ateo internacional mencionados en los párrafos anteriores, existe un derecho en específico que ha sido negado y es el que más daño ha causado. Este derecho denegado es el derecho a la libertad religiosa, que quiere decir, estar libre de coerción en la práctica de la religión. La negación de tan importante derecho se convirtió en la base para que el estado comunista persiguiera la religión, especialmente la Iglesia católica. Esta persecución pone a las almas en peligro de perderse eternamente porque pueden verse privadas de los sacramentos. Además, al negar este derecho, el estado comunista pudo y puede intentar controlar o eliminar el mayor obstáculo para el sometimiento de los pueblos del mundo entero a sí mismo. Este obstáculo para el comunismo es la Iglesia católica. El Estado comunista se ha infiltrado en ella precisamente para eliminarla tratando de controlarla y silenciarla.

De cualquier manera, Jesús prometió que «las puertas del infierno no prevalecerán contra» Su Iglesia (Mt. 16, 18). El comunismo internacional fracasará. Nuestra Señora ha prometido que su Inmaculado Corazón triunfará y que necesitamos la devoción de los *Primeros Sábados* para que eso suceda. El mensaje de Fátima está ahí para mantenernos en el camino estrecho.

Además, la Iglesia Católica puede ser una voz profética que confronta a los gobiernos con los estándares de la verdadera justicia. A modo de comparación, uno puede pensar en cómo Juan el Bautista enfrentó al rey Herodes en defensa de la familia. La Iglesia debe decir la verdad, incluso si eso significa el martirio y el derramamiento de sangre.

Otra falsa creencia comunista es que el progreso se obtiene mediante un nuevo orden mundial por medio del conflicto. El comunismo afirma que es a través del conflicto que evolucionamos hacia una sociedad más perfecta. Por lo tanto, los comunistas hacen que se enfrente un grupo contra otro, una clase contra otra, una raza contra otra, una religión contra otra, los no creyentes contra los cristianos, una nación contra otra, e incluso un género o «géneros» contra otro u «otros», etc. Además, la destrucción de la familia se aceleró enormemente con la legalización del divorcio tras el deterioro de la cultura cristiana. El ataque a la familia ya es algo cotidiano y ocurre ante nuestros ojos. Sin embargo, el Señor en Su Divina Misericordia desea sanar a todos aquellos que han sufrido tanto por estos ataques.

Nuestra Señora dijo que Rusia esparciría sus errores por todo el mundo promoviendo guerras y la persecución de la Iglesia. Promover las guerras sería sin duda una de las principales manifestaciones de la filosofía comunista del conflicto. La guerra puede utilizarse como un medio para someter y controlar a una nación. Incluso antes de que Rusia difundiera sus errores, la Primera Guerra Mundial debilitó tanto a Rusia que fue más fácil para la revolución comunista triunfar en 1917. ¿Qué podemos decir sobre la Segunda Guerra Mundial? A expensas de la vida de su propia gente, Rusia fue la verdadera ganadora. La Segunda Guerra Mundial le permitió a Rusia tener el control de Europa del Este. Poco después de la guerra, China se convirtió en una nación comunista. Sus propios errores vinieron de Rusia. Mucho podría decirse de las otras guerras del siglo XX. Además, la persecución de la Iglesia era bien conocida en Europa del Este, China y en muchos otros países del mundo. Fue, por mucho, la peor persecución de la Iglesia en la historia. No obstante, la persecución de la Iglesia todavía continúa en China y en otras partes del mundo.

Hoy, lo que advirtió Nuestra Señora se ha hecho realidad. Tantos errores del comunismo en el mundo han llevado a la exclusión de Dios en muchos lugares y al colapso de la religión verdadera. Vemos las diversas formas en que la familia es atacada y destruida. Vemos cómo el mundo se sumerge en una avalancha de innumerables mentiras y engaños.

Volviendo a las memorias de la Hermana Lucía, Nuestra Señora dijo: «Los buenos serán martirizados y el Santo Padre tendrá mucho que sufrir; varias naciones serán aniquiladas. Por fin mi Inmaculado Corazón triunfará». La primera frase se desarrollará más en la tercera parte del secreto. La que sigue se refiere al triunfo prometido del Inmaculado Corazón de María. Nuestra Señora dijo «al final mi Inmaculado Corazón triunfará». No sería apropiado pensar que ese «final» se refiera al fin del mundo y a la segunda venida de Nuestro Señor Jesús. Con el fin del mundo vendrá el triunfo final de Cristo y su venida visible a los hombres. Por otro lado, el triunfo de Nuestra Señora «al final» se refiere al fin de la persecución de la Iglesia y al comienzo de un período de paz mundial, que precederá a los acontecimientos finales de la historia.

Es importante mencionar que en algún período de la historia se dará el triunfo universal de la gracia sobre el pecado para mostrar que Cristo desea derrotar a Satanás a través de la Mujer. Como dice el Génesis, «Pondré enemistad entre ti y la mujer» (Gn. 3, 15). Además, como dijo San Juan Pablo II, «Cristo vencerá por medio de Ella [María], porque Él quiere que las victorias de la Iglesia en el mundo contemporáneo y en el mundo del futuro estén unidas a Ella» (*Cruzando el umbral de la esperanza*, 1995). Después de la victoria de Nuestra Señora, Satanás y sus ángeles serán retenidos por un periodo de tiempo y no podrán tentar a los seres humanos con el poder y la riqueza. Sin embargo, los humanos continuarán teniendo las debilidades del pecado original y las tentaciones del mundo, pero podrán triunfar sobre sus pecados con la ayuda de las gracias del

Espíritu Santo. Los fieles triunfarán sobre el pecado porque Nuestra Señora obtendrá estas gracias para ellos.

Nuestra Señora continuó: «El Santo Padre me consagrará a Rusia, que se convertirá, y será concedido al mundo algún tiempo de paz». Se podría pensar que esto significa que la consagración de Rusia traerá el período de paz, pero no es así. Nuestra Señora simplemente está diciendo dos cosas sobre Rusia: que será consagrada y que se convertirá. Nuestra Señora no dijo que la consagración por sí sola traería la conversión de Rusia. Sin embargo, ya hemos visto la primera etapa de esa conversión. Es imperativo que prestemos atención a sus palabras exactas. Nuestra Señora dijo, como hemos visto anteriormente: «Vendré a pedir la consagración de Rusia a mi Inmaculado Corazón y la Comunión reparadora de los *Primeros Sábados*. Si se atienden mis deseos, Rusia se convertirá [...]». Nuevamente, Nuestra Señora dijo *deseos*, no deseo. La conversión de Rusia resultará del cumplimiento de estas dos peticiones (deseos) especiales.

La devoción de los *Primeros Sábados* nos ofrece la mejor forma de hacer reparación al Inmaculado Corazón de María. A través de su Corazón, podemos obtener las gracias de la santificación del Cordero de Dios. La paz, la conversión de las naciones y la salvación de las almas sólo pueden resultar de la santificación del pueblo, comenzando por la Iglesia Católica. Por eso, Nuestro Señor y Su Madre nos han regalado los *Primeros Sábados*. La conversión completa de Rusia depende de la tan necesaria santificación de la Iglesia Católica.

El Santo Padre hizo su parte con los obispos al hacer la consagración. Los fieles son los que ahora tienen que hacer su parte haciendo los *Primeros Sábados*. Nota: nuestro enfoque no debe estar en algo que nosotros como fieles no podemos hacer. Nuestro enfoque debe estar en lo que deberíamos estar haciendo, es decir, cumplir con los *Primeros Sábados*.

En el mensaje de Fátima se da mucho más énfasis a la reparación que a la consagración. Vemos el inicio de este énfasis con la segunda visita del Ángel y luego en las apariciones de Nuestra Señora. Luego continúa en las tres apariciones posteriores a la

Hermana Lucía en 1925, 1926 y 1929, mientras que la consagración solo se menciona en julio de 1917 y en una frase del mensaje de 1929. La reparación enseñada por el Ángel en 1916 ayudó a preparar a los niños y a nosotros mismos para la reparación al Inmaculado Corazón de María y para la reparación a la Sagrada Eucaristía.

Como enseñó San Luis de Montfort, la consagración es una renovación de nuestras promesas bautismales. Es necesario ser bautizado antes de recibir cualquier otro sacramento. Aunque el bautismo es esencial, no es infinito. Por otra parte, la Sagrada Eucaristía supera infinitamente al Bautismo y su renovación. Jesús en la Sagrada Eucaristía está en el centro de los *Primeros Sábados*. Esto significa que la segunda petición especial de Nuestra Señora para los *Primeros Sábados* supera con creces la primera petición especial de consagración por parte del Papa y los obispos. Si cumpliendo solo una de las dos peticiones por la paz y por la salvación de muchas almas se pudo lograr tanto, ¿cuánto más se logrará con el cumplimiento de la petición de los *Primeros Sábados*? Nuestra Señora pide a todos los católicos que hagan los *Primeros Sábados*.

Parece que actualmente muy pocos están cumpliendo con este segundo deseo o petición especial, por lo que se necesitará de muchos fieles más para cumplir con los *Primeros Sábados*. Así podrá lograrse el triunfo del Inmaculado Corazón de María. De la práctica de los *Primeros Sábados* debe surgir esa práctica diaria de la Fe que es necesaria para traer la paz al mundo.

En cualquier Primer Sábado de mes, los fieles pueden cumplir esta segunda petición especial de forma individual, conocida como los *Primeros Sábados*. Sin embargo, así como el Papa y los obispos actuaron en comunidad para cumplir con el deseo de Nuestra Señora, los fieles pueden cumplir con mayor eficacia su segundo deseo, la devoción de los *Primeros Sábados*, también en forma comunitaria. La devoción de *Los Primeros Sábados Comunitarios*™, que ya está aprobada, ofrece una manera fácil de cumplir con todas las condiciones solicitadas para hacer reparación al Inmaculado Corazón de María. *Los Primeros Sábados Comunitarios*™ facilitará el cumplimiento de la petición de Nuestra Señora a cada persona y a un mayor número de personas. Además, la oración comunitaria tiene mayor poder para hacer reparación y obtener gracias. Al mismo tiempo, habrá un testimonio visible de que la petición de Nuestra Señora se ha cumplido cuando se logre la conversión de Rusia y del mundo. Así mismo, como ya se mencionó, la forma comunitaria de la devoción dará testimonio visible de que el triunfo se ha logrado a través del Inmaculado Corazón de María. Más aún, *Los Primeros Sábados Comunitarios*™ utiliza un *Devocionario* aprobado para que todos puedan guiarse. El uso del libro en sí es un signo visible de que las parroquias están unidas contra el mal en todo el mundo.

La conversión de Rusia implica la reincorporación de la Iglesia Ortodoxa Rusa con la Iglesia Católica. La Iglesia Ortodoxa Rusa representa el segmento más grande de las Iglesias Bizantinas. Su reincorporación a la Iglesia Católica seguramente tendría gran influencia en las iglesias Ortodoxas Griegas y las demás. No podemos excluir la posibilidad de que estas iglesias también puedan ser alentadas a unirse nuevamente a la Iglesia Católica más directamente y por otros medios. En cualquier caso, no solo el acatar las peticiones de Nuestra Señora conducirá a la conversión de Rusia, sino que este cumplimiento también conducirá, como dijo San Juan Pablo II, a que la Iglesia respire con ambos pulmones. La unión de Oriente y Occidente debería fortalecer en gran medida a la Iglesia para que pueda tener un efecto poderoso en el mundo y así pueda traer la paz y la salvación de muchas almas. Jesús y su Madre reinarán espiritualmente con los santos en todo el mundo.

Por otro lado, quienes creen que la humanidad puede alcanzar la perfección de la felicidad en la historia, caen en el error del milenarismo, especialmente en su forma política. La paz prometida es solo por un período de tiempo y el mundo aún experimentará los efectos del pecado original. Esto significa que el período de paz llegará a su fin y Satanás será liberado y fomentará un alejamiento de la Fe Católica e incluso una rebelión contra la Iglesia. Aun así, Satanás será derrotado y arrojado al lago de fuego. Esto significa que habrá otro periodo de paz antes de la segunda venida de Cristo (véase Ap. 20, 7-10). La segunda venida de Cristo marca el momento en que todos los que sean salvos vivirán plenamente en el Reino de Dios en cuerpo y alma en su resurrección. Sin embargo, no sabemos cuándo vayan a suceder estas cosas. Mientras tanto, antes de la segunda venida de Cristo, la felicidad perfecta en el Reino de Dios se realiza primero y más excelentemente por la Visión Beatífica cuando uno entra al Cielo.

Memorias de la Hermana Lucía

«En Portugal se conservará siempre la doctrina de la Fe, etc. [*véase a más adelante la Tercera Parte del Secreto*] Esto no se lo digas a nadie. A Francisco, si puedes decírselo».

«Cuando recen el Rosario, dirán, después de cada misterio: ¡Oh Jesús mío, perdónanos, líbranos del fuego del infierno, lleva todas las almas al cielo, principalmente las más necesitadas!».

Transcurrido un instante de silencio, pregunté:

—Usted ¿no quiere de mí nada más?

—No. Hoy no quiero nada más de ti.

Y, como de costumbre, comenzó a elevarse en dirección al naciente, hasta desaparecer en la inmensa lejanía del firmamento (los corchetes y las itálicas son énfasis nuestro).

Comentario

La preservación del dogma de la Fe en Portugal no hace referencia a que Portugal será siempre un país practicante en la fe cristiana. Hasta cierto punto, la historia ha demostrado lo contrario. La preservación de la Fe en Portugal implica que la presencia del Santuario de Nuestra Señora de Fátima en Portugal es un fuerte recordatorio del mensaje traído del Cielo por Nuestra Señora, que influye en la enseñanza del clero fiel en Portugal y en otros lugares. Los mismos fieles que viven el mensaje de Fátima son los que fortalecerán al clero en su Fe, antes, durante y después del período de paz. El mensaje de Fátima puede ser una especie de atajo para una mayor fidelidad al dogma Católico y a la práctica del mismo, como vemos en el Depósito de la Fe y cómo ese Depósito es interpretado por el Magisterio de la Iglesia. Con la aprobación que ha recibido del

Magisterio de la Iglesia, Fátima puede ser una interpretación correcta de muchas verdades fundamentales.

Por lo tanto, el mensaje de Fátima puede ser de gran ayuda para preservar la Fe Católica para las personas de todo el mundo. Los *Primeros Sábados* juegan un papel importante en esto especialmente si se celebran en forma comunitaria. También es posible que las palabras de Nuestra Señora indiquen que el dogma Católico no se conservará en muchos otros lugares del mundo, especialmente durante el juicio de la Iglesia que precede al período de paz. Dado que Nuestra Señora dijo que el dogma de la Fe siempre se conservaría en Portugal, lo mismo aplicaría para el período posterior al período de paz hasta la segunda venida de Cristo.

La oración que Nuestra Señora pidió que se dijera después de cada decena del Rosario es un recordatorio importante acerca de la realidad del infierno que se les muestra a los niños. También es una oración a través de la cual podemos pedir una gran misericordia a nuestro prójimo suplicando para que se salven de tan terrible desenlace. La mayoría de las cosas que hacemos por nuestro prójimo son pasajeras y transitorias, pero la salvación es para siempre. Qué bendición tenemos entonces en esta jaculatoria.

Memorias de la Hermana Lucía

Tercera Parte del Secreto de Fátima:

Después de las dos partes que ya he expuesto, hemos visto al lado izquierdo de Nuestra Señora un poco más en lo alto a un ángel con una espada de fuego en la mano izquierda; centelleando emitía llamas que parecía iban a incendiar el mundo; pero se apagaban al contacto con el esplendor que Nuestra Señora irradiaba con su mano derecha dirigida hacia él; el ángel señalando la tierra con su mano derecha, dijo con fuerte voz: '¡Penitencia, Penitencia, Penitencia!' Y vimos en una inmensa luz qué es Dios: "algo semejante a como se ven las personas en un espejo cuando pasan ante él" a un Obispo vestido de Blanco "hemos tenido el presentimiento de que fuera el Santo Padre". También a otros Obispos, sacerdotes, religiosos y religiosas subir

61

una montaña empinada, en cuya cumbre había una gran Cruz de maderos toscos como si fueran de alcornoque con la corteza; el Santo Padre, antes de llegar a ella, atravesó una gran ciudad medio en ruinas y medio tembloroso con paso vacilante, apesadumbrado de dolor y pena, rezando por las almas de los cadáveres que encontraba por el camino; llegado a la cima del monte, postrado de rodillas a los pies de la gran Cruz fue muerto por un grupo de soldados que le dispararon varios tiros de arma de fuego y flechas; y del mismo modo murieron unos tras otros los Obispos sacerdotes, religiosos y religiosas y diversas personas seglares, hombres y mujeres de diversas clases y posiciones. Bajo los dos brazos de la Cruz había dos ángeles cada uno de ellos con una jarra de cristal en la mano, en las cuales recogían la sangre de los Mártires y regaban con ella las almas que se acercaban a Dios (*vatican.va*).

Comentario

Nuestra Señora sostuvo su Corazón en su mano derecha y el Rosario en su mano izquierda. Esto fue lo que Lucía le dijo al cardenal Bertone en una segunda entrevista (*The Last Secret of Fatima*, p. 56). Nuevamente insistimos en que en una aparición anterior, el Corazón en su mano derecha simboliza que Nuestra Señora está pidiendo reparación para su Inmaculado Corazón.

La segunda entrevista de la Hermana Lucía con el cardenal Bertone es claramente muy importante. Esta entrevista aunada a la tercera parte del secreto tiene mucho contenido para reflexionar. En esta parte del secreto, leemos que el esplendor que irradia la mano derecha de Nuestra Señora apaga el fuego que emana de la espada del Ángel. En la entrevista, la Hermana Lucía le dijo al Cardenal Bertone: «*During the vision, Our Lady was radiating light, and she held a heart in her right hand and a rosary in her left*» [Durante la visión, Nuestra Señora irradiaba luz y tenía un corazón en la mano derecha y un rosario en la izquierda] (*The Last Secret of Fatima*, p. 56). Cuando relacionamos estas palabras con la tercera parte del secreto, vemos que la luz que irradia de su mano derecha emana de su Corazón. La luz que emanaba de su Corazón sostenido en su mano derecha extinguió las llamas que emanaban de la espada del Ángel. Estas llamas amenazaron con incendiar el mundo. Esto nos muestra que el Inmaculado Corazón de María y la devoción a su Corazón están protegiendo al mundo de la destrucción. Esta devoción consiste principalmente en la práctica continua de reparación por los pecados cometidos contra el Inmaculado Corazón de María.

Hagamos hincapié nuevamente en que, en una aparición anterior, Nuestra Señora sostiene su Corazón como signo de súplica por la reparación a su Corazón. Esta reparación solicitada se realiza sobre todo en una Comunión de Reparación en los *Primeros Sábados*. (Cuando decimos «sobre todo», nos referimos a sobre todas las prácticas de reparación al Inmaculado Corazón de María). La reparación también se lleva a cabo por medio de las otras prácticas de los *Primeros Sábados* que nos ayudan a preparar e intensificar nuestra disposición y reverencia para la Sagrada Comunión.

Los *Primeros Sábados* representan la mejor forma de reparación al Inmaculado Corazón de María, especialmente si se hace en forma comunitaria como en *Los Primeros Sábados Comunitarios*™.

San Juan XXIII dijo:

Y puesto que la oración pública es el medio más eficaz para obtener las gracias divinas, según la promesa misma de Cristo: "Donde están dos o tres reunidos en mi nombre, Yo estoy en medio de ellos" (*Paenitentiam Agere*, n. 23).

La Hermana Lucía dijo: «Ésta es la penitencia y la oración que el Señor, ahora, más pide y exige: la oración y la penitencia pública y colectiva» (*Un camino bajo la mirada de María*, p. 147). Es muy probable que estas palabras que acabamos de leer sean el resultado de la disminución del número de asistentes a los servicios religiosos y a otras reuniones públicas para orar. Asimismo, estas palabras también pueden darnos un indicio de la devoción de los *Primeros Sábados* y la necesidad de practicarla en forma comunitaria, así como en *Los Primeros Sábados Comunitarios*™. Hagamos, entonces, un esfuerzo especial para renovar la oración pública y colectiva a través de la devoción de los *Primeros Sábados* de forma pública y comunitaria, y así obtener aquellas gracias que puedan ayudar a nuestro prójimo a cumplir con el precepto dominical y a obtener su salvación. Es importante entender que uno no puede cumplir con los *Primeros Sábados* a menos que cumpla con el precepto dominical y las fiestas de guardar.

Volviendo de nuevo a las memorias de la Hermana Lucía, el Rosario estaba en la mano izquierda de Nuestra Señora. Nuestra Madre nos anima a rezar el Rosario y a ofrecerlo en reparación a su Inmaculado Corazón. Nuestra Señora ha unido tanto la devoción a su Inmaculado Corazón como la devoción al Rosario para que juntas sean como un arma aún más potente contra el mal que si solamente se hace el rezo del Rosario. La unión de estas dos devociones se hace concretamente en la devoción de los *Primeros Sábados*.

Además, como parte de los *Primeros Sábados*, el Rosario en unión con la devoción al Inmaculado Corazón de María es esencial para el triunfo de Nuestra Señora. Ella quiere que, por medio de la devoción del Rosario y del Inmaculado Corazón de María en los *Primeros Sábados*, obtengamos la gracia de rezar el Rosario diariamente. De hecho, un teólogo dominico escribió un artículo del tamaño de un libro sobre el gran poder de unir las dos devociones anteriores (cf. *Fátima: The Rosary and the Heart of Mary*, Marceliano Llameras, OP, *The Thomist*, Vol. XIII, No. 4, octubre de 1950).

Con respecto a lo que se mencionó anteriormente, *Los Primeros Sábados Comunitarios*™ ofrece un Rosario que da especial énfasis a la práctica de la devoción al Inmaculado Corazón de María dentro de los Misterios. Esto puede ayudar a los fieles a familiarizarse con la unión de estas dos devociones.

Continuando con el comentario sobre la tercera parte del secreto, el Ángel gritó «¡Penitencia, Penitencia, Penitencia!». En el *Catecismo de la Iglesia Católica*, encontramos la siguiente explicación sobre la penitencia:

> Como ya en los profetas, la llamada de Jesús a la conversión y a la penitencia no mira, en primer lugar, a las obras exteriores "el saco y la ceniza", los ayunos y las mortificaciones, sino a la conversión del corazón, la

penitencia interior. Sin ella, las obras de penitencia permanecen estériles y engañosas; por el contrario, la conversión interior impulsa a la expresión de esta actitud por medio de signos visibles, gestos y obras de penitencia (n.1430).

La penitencia interior es una reorientación radical de toda la vida, un retorno, una conversión a Dios con todo nuestro corazón, una ruptura con el pecado, una aversión del mal, con repugnancia hacia las malas acciones que hemos cometido. Al mismo tiempo, comprende el deseo y la resolución de cambiar de vida con la esperanza de la misericordia divina y la confianza en la ayuda de su gracia. Esta conversión del corazón va acompañada de dolor y tristeza saludables que los Padres llamaron *animi cruciatus* (aflicción del espíritu), *compunctio cordis* (arrepentimiento del corazón) (n. 1431).

Santo Tomás de Aquino nos muestra que la penitencia es una virtud y el acto de una virtud. Esta virtud y este acto están en la voluntad (*S.T.*, III, q. 85, a. 1-4). La penitencia está, pues, en la voluntad y en un acto interior. La penitencia no es una emoción de dolor, sino un dolor en la voluntad de pecar. Sin embargo, metafóricamente hablamos de la penitencia como una conversión del corazón. Aquí, el corazón se considera un símbolo de la vida interior. Reflexionando podemos discernir las diferencias entre la emoción y la voluntad dentro de nosotros mismos. El *CEC* continúa:

El corazón del hombre es torpe y endurecido. Es preciso que Dios dé al hombre un corazón nuevo (cf Ez 36,26-27). La conversión es primeramente una obra de la gracia de Dios que hace volver a Él nuestros corazones: "Conviértenos, Señor, y nos convertiremos" (Lm 5,21). Dios es quien nos da la fuerza para comenzar de nuevo. Al descubrir la grandeza del amor de Dios, nuestro corazón se estremece ante el horror y el peso del pecado y comienza a temer ofender a Dios por el pecado y verse separado de él. El corazón humano se convierte mirando al que nuestros pecados traspasaron (n.1432).

"Tengamos los ojos fijos en la sangre de Cristo y comprendamos cuán preciosa es a su Padre, porque, habiendo sido derramada para nuestra salvación, ha conseguido para el mundo entero la gracia del arrepentimiento" (San Clemente Romano, Epistula ad Corinthios 7, 4) (n.1432).

No podemos olvidar que la penitencia no es obra nuestra, sino una obra de la gracia de Dios. Dios en su misericordia nos concede esta gracia, gracias al Sagrado Corazón de Jesús por mediación del Inmaculado Corazón de María. Por la gracia de Dios, continuaremos dándole gracias y nunca dejaremos de darle gracias.

Hay muchas palabras que pueden usarse en lugar de la palabra reparación. La penitencia y la satisfacción son solo dos de ellas. La reparación también es parte de la penitencia pero es una explicación más completa de la penitencia (como se indicó anteriormente en el *Catecismo de la Iglesia Católica* que comienza con el n. 1430). Vemos la siguiente cita:

Muchos pecados causan daño al prójimo. Es preciso hacer lo posible para repararlo (por ejemplo, restituir las cosas robadas, restablecer la reputación del que ha sido calumniado, compensar las heridas). La simple justicia exige esto. Pero además el pecado hiere y debilita al pecador mismo, así como sus relaciones con Dios y con el prójimo. La absolución quita el pecado, pero no remedia todos los desórdenes que el pecado causó (cf Concilio de Trento: DS 1712). Liberado del pecado, el pecador debe todavía recobrar la plena salud espiritual. Por tanto, debe hacer algo más para reparar sus pecados: debe "satisfacer" de manera apropiada o "expiar" sus pecados. Esta satisfacción se llama también "penitencia" (n. 1459).

'Pero nuestra satisfacción, la que realizamos por nuestros pecados, sólo es posible por medio de

Jesucristo: nosotros que, por nosotros mismos, no podemos nada, con la ayuda "del que nos fortalece, lo podemos todo" (Flp. 4,13). Así el hombre no tiene nada de que pueda gloriarse sino que toda "nuestra gloria" está en Cristo [...] en quien nosotros satisfacemos "dando frutos dignos de penitencia" (Lc 3,8) que reciben su fuerza de Él, por Él son ofrecidos al Padre y gracias a Él son aceptados por el Padre' (*CEC*, Concilio de Trento: *DS* 1691, los corchetes son nuestros).

El Obispo Vestido de Blanco

La tercera parte del secreto también se refiere al Santo Padre que camina sobre una ciudad en ruinas y cuesta arriba hasta el pie de una cruz donde es herido de muerte.

Juan Pablo II [...] pidió el sobre que contenía la tercera parte del secreto tras el atentado del 13 de mayo de 1981... Por lo que se refiere al pasaje sobre el obispo vestido de blanco, esto es, el Santo Padre—como se dieron cuenta inmediatamente los pastorcitos durante la "visión"—, que es herido de muerte y cae por tierra, Hermana Lucía está completamente de acuerdo con la afirmación del Papa: "una mano materna guió la trayectoria de la bala, y el Papa agonizante se detuvo en el umbral de la muerte" (Juan Pablo II, *Meditación desde el Policlínico Gemelli a los Obispos italianos*, 13 de mayo de 1994) (*El Mensaje de Fátima*, vatican.va).

Una profecía no necesariamente tiene que hacerse realidad así como parece que se predice, pues Dios puede intervenir. Por lo tanto, San Juan Pablo II podría ser el Papa al que se refiere la visión, como él mismo concluyó, aunque no haya fallecido por el intento de asesinato. Hay que decir también que, en ocasiones, una visión puede no representar completamente lo que realmente sucede. Por lo general, decimos que una muerte solo puede ser confirmada por un médico. No basta con mirar el cuerpo. En la visión no se confirma que la persona esté muerta. Por lo tanto, podría parecer que el Santo Padre está muerto en la visión, pero no estarlo realmente. En algunos casos, incluso hablamos de personas que murieron y volvieron a la vida. También en algunos de estos casos se podría decir que estas personas no estaban realmente muertas. Sea cual fuere la situación, se podría decir que es incierto si el Santo Padre murió o no. Esto significa que el Santo Padre puede afirmar que el Papa de la visión era él mismo.

Asimismo, en la visión hay muchos obispos, sacerdotes, religiosos y fieles laicos que siguen al Santo Padre para sufrir el martirio al pie de la Cruz. Aparte de los millones de niños por nacer que han sufrido la muerte en los últimos 100 años, también ha habido millones de mártires en ese tiempo. Incluso ahora, un gran número sigue siendo martirizado. Se estimó que 90.000 personas murieron siendo mártires en un año reciente (2016). Se ha estado produciendo una especie de genocidio en el Medio Oriente, donde el cristianismo ha existido durante 2000 años. Sin embargo, a medida que se derrama la sangre de los Mártires, el número de santos y sus oraciones aumenta en el Cielo, y la Iglesia se fortalece en su determinación de seguir a Cristo. Los Mártires se ofrecen en sacrificio al Señor a menudo junto con comunidades enteras de cristianos y en solidaridad con la Iglesia.

El ofrecer el Corazón Eucarístico de Jesús a la Santísima Trinidad, en unión con el Inmaculado Corazón de María y la Iglesia en los *Primeros Sábados*, es una espléndida manera de unirnos solidariamente con nuestros hermanos que sacrifican su vida por Cristo. *Los Primeros Sábados Comunitarios*™ puede ser un excelente testimonio público de esta solidaridad, al practicar los *Primeros Sábados* de forma comunitaria.

Prueba del Mensaje en las Siguientes Tres Apariciones y Otros Sucesos

Las primeras tres apariciones de Nuestra Señora nos brindan el contenido principal del mensaje de Fátima. Las siguientes tres, y otros eventos asociados, enfatizan la prueba del mensaje.

13 de agosto de 1917

Los niños fueron interrogados y encarcelados, y se les impidió ir a Cova da Iria. Sin embargo, aunque los niños no estaban allí, un testigo describió lo que sucedió en Cova da Iria ese día:

«Algunos pensaron que el trueno venía del camino; otros pensaron que provenía de la encina; pero me pareció que venía de lejos. Nos asustó a todos y muchos empezaron a llorar temiendo que fueran a morir. Inmediatamente después del trueno vino un relámpago, e inmediatamente, todos notamos una pequeña nube, muy blanca, hermosa y brillante, que venía y se quedaba sobre la encina. Se quedó unos minutos, luego se elevó hacia los cielos donde desapareció. Mirando a nuestro alrededor, notamos una mirada extraña que ya habíamos visto y volveríamos a ver. Todos los rostros brillaban rosa, rojo, azul y todos los colores del arco iris. Los árboles parecían no tener ramas ni hojas, pero estaban todos cubiertos de flores; cada hoja era una flor. El suelo estaba dividido en pequeños cuadrados, cada uno de un color diferente. Nuestra ropa parecía transformarse también en los colores del arco iris. Las dos linternas que colgaban del arco sobre el lugar sagrado parecían ser de oro. Cuando los carteles desaparecieron, la gente pareció darse cuenta de que Nuestra Señora había venido y, al no encontrar a los niños, había regresado al Cielo» (*The Crusade of Fatima: The Lady More Brilliant Than The Sun*, De Marchi, J., 1947, p. 75). Traducido del inglés.

Comentario

Esta descripción de lo ocurrido el 13 de agosto nos muestra que otras personas, que no fueron los niños, presenciaron el trueno y el relámpago justo antes del momento en que aparecería Nuestra Señora. Inmediatamente comenzaron a ver una pequeña nube blanca «que se detuvo por unos instantes sobre el árbol y se elevó en el aire hasta desaparecer». La pequeña nube blanca parecía ser una señal de que Nuestra Señora había venido y luego ascendió hasta desaparecer. Luego vieron cosas que habían visto antes y volverían a ver después. Sus rostros comenzaron a reflejar todos los colores del arco iris y el suelo también reflejó varios colores. Los árboles parecían estar cubiertos de flores. Las linternas fijadas al arco parecían haberse vuelto doradas. El 13 de agosto no fue el único día en que la gente presenció tales cosas, ya que el 13 de octubre fue mucho más extraordinario.

Mientras tanto, los mismos niños estaban a punto de dar un testimonio bastante diferente pero valeroso sobre la verdad del mensaje y las apariciones. Mientras los niños se preparaban para ir a la Cova, el Administrador de Ourem los engañó para llevarlos a Ourem donde fueron detenidos para interrogarlos. Los niños fueron amenazados de muerte y de ser ejecutados uno por uno si no revelaban el secreto que les había confiado Nuestra Señora. Cada vez que se llevaban a uno de los niños decían que lo iban a freír hasta morir. Como estos hombres eran ateos y formaban parte de un gobierno ateo que perseguía a la Iglesia, uno se preguntaría por qué tenían tanto interés en conocer el secreto, a menos que hubieran pensando que se estaba tramando un complot en contra del gobierno. En cualquier caso, a pesar de que los niños estaban muy asustados, no se les pudo persuadir de que contaran el secreto ni siquiera ante la amenaza de una terrible muerte. Esta es una prueba convincente de que los niños decían la verdad sobre las apariciones. Los pastorcitos por sí mismos no podrían haber hecho lo que hicieron sin una poderosa ayuda divina.

15 de agosto de 1917

Los niños salieron de la cárcel el 15 de agosto, en la fiesta de la Asunción de Nuestra Señora. Estos días del 13 al 15 de agosto parecen tener un significado simbólico correspondiente a la muerte, resurrección y asunción de la Virgen María al Cielo. El 25 de junio de 1997 durante una audiencia general, el Papa Juan Pablo II afirmó que

María no solo experimentó la asunción de su cuerpo al Cielo, sino que también sufrió la muerte previamente, afirmando:

> Es verdad que en la Revelación la muerte se presenta como castigo del pecado. Sin embargo, el hecho de que la Iglesia proclame a María liberada del pecado original por singular privilegio divino no lleva a concluir que recibió también la inmortalidad corporal. La Madre no es superior al Hijo, que aceptó la muerte, dándole nuevo significado y transformándola en instrumento de salvación.
>
> María, implicada en la obra redentora y asociada a la ofrenda salvadora de Cristo, pudo compartir el sufrimiento y la muerte con vistas a la redención de la humanidad. También para ella vale lo que Severo de Antioquía afirma a propósito de Cristo: «Si no se ha producido antes la muerte, ¿cómo podría tener lugar la resurrección?» (Antijuliánica, Beirut 1931, 194 s.). Para participar en la resurrección de Cristo, María debía compartir, ante todo, la muerte.
>
> El Nuevo Testamento no da ninguna información sobre las circunstancias de la muerte de María. Este silencio induce a suponer que se produjo normalmente, sin ningún hecho digno de mención. Si no hubiera sido así, ¿cómo habría podido pasar desapercibida esa noticia a sus contemporáneos, sin que llegara, de alguna manera, hasta nosotros?
>
> Por lo que respecta a las causas de la muerte de María, no parecen fundadas las opiniones que quieren excluir las causas naturales. Más importante es investigar la actitud espiritual de la Virgen en el momento de dejar este mundo. A este propósito, san Francisco de Sales considera que la muerte de María se produjo como efecto de un ímpetu de amor. Habla de una muerte «en el amor, a causa del amor y por amor», y por eso llega a afirmar que la Madre de Dios murió de

amor por su hijo Jesús" (*Traité de l'Amour de Dieu*, Lib. 7, cc. XIII-XIV).

Cualquiera que haya sido el hecho orgánico y biológico que, desde el punto de vista físico, le haya producido la muerte, puede decirse que el tránsito de esta vida a la otra fue para María una maduración de la gracia en la gloria, de modo que nunca mejor que en ese caso la muerte pudo concebirse como una «dormición».

También hay una tradición común entre católicos y ortodoxos que dice que Nuestra Señora fue asunta al cielo al tercer día después de su muerte en imitación de Nuestro Señor Quien resucitó al tercer día. Ya hemos visto que Nuestra Señora fue elevada al cielo después de cada una de sus tres primeras apariciones. Además, veremos que lo vuelve a hacer en las siguientes tres como representando su Asunción. Así como Nuestra Señora, la Inmaculada Concepción, representó cada uno de los Misterios del Rosario durante sus 15 apariciones en Lourdes, así también Nuestra Señora del Rosario hizo algo similar con respecto a la Asunción en Fátima. Esto es reafirmado cuando los niños experimentan una especie de muerte espiritual y resurrección durante los tres días del 13 al 15 de agosto, siendo liberados en la fiesta de la Asunción. Las apariciones en Fátima parecen anticipar el dogma de la Asunción declarado en 1950, mientras que el dogma de la Inmaculada Concepción fue declarado en 1854 y Nuestra Señora se reconoce diciendo «Yo soy la Inmaculada Concepción» en Lourdes en 1858, cuatro años después.

19 de agosto de 1917

Memorias de la Hermana Lucía

Estando con las ovejas, en compañía de Francisco y de su hermano Juan, en un lugar llamado Valinhos, y sintiendo que alguna cosa sobrenatural se aproximaba y nos envolvía, sospechando que Nuestra Señora viniese a aparecérsenos, y dándome pena que Jacinta se quedase sin verla, pedimos a su hermano Juan que fuese a llamarla. Como no quería, le ofrecí veinte centavos, y allá se fue corriendo.

Entretanto vi, con Francisco, el reflejo de la luz que llamábamos relámpago, y habiendo llegado Jacinta, un instante después, vimos a Nuestra Señora sobre una carrasca.

—Qué es lo que Ud. quiere de mí?

—Quiero que sigan yendo a Cova de Iría el día 13; que continúen rezando el Rosario todos los días. El último mes haré un milagro para que todos crean.

—Qué es lo que Ud. quiere que se haga con el dinero que la gente deja en Cova de Iría?

—Que hagan dos andas: una, llévala tú con Jacinta y dos niñas más, vestidas de blanco; y otra, que la lleve Francisco y tres niños más. El dinero de las andas es para la fiesta de Nuestra Señora del Rosario; lo que sobre es para ayudar a una capilla que deben hacer.

—Quería pedirle la curación de algunos enfermos.

—Sí; a algunos los curaré durante el año.

Y tomando un aspecto más serio dijo:

—Rezad, rezad mucho, y haced sacrificios por los pecadores, pues van muchas almas al infierno, por no tener quien se sacrifique y pida por ellas.

Y como de costumbre comenzó a elevarse en dirección al naciente.

Comentario

Aquí vemos por primera vez que Nuestra Señora promete un milagro que ocurrirá en el último mes, es decir, en octubre. Ahora bien, cuando se hace una profecía y luego se cumple ante testigos, no solo el milagro, sino la profecía misma es una prueba de la verdad de las apariciones y del mensaje que las acompaña. Como sucede siempre, la aprobación oficial de la Iglesia es la que nos da la mayor confianza en que estas apariciones son dignas de creerse.

Lucía preguntó qué se haría con el dinero. Se harían dos andas para llevar las donaciones. Una iba a ser llevada por Lucía y Jacinta y otras dos niñas. La otra anda la iban a llevar Francisco y otros tres niños. El dinero se usaría para la fiesta de Nuestra Señora del Rosario, que se celebra el 7 de octubre. De esta manera, Nuestra Señora da mayor importancia a esta fiesta, que se originó a partir de una gran victoria naval en 1571 contra los musulmanes turcos que trataron de invadir Europa. Todo el dinero sobrante de la fiesta se destinaría a la construcción de una capilla. De hecho, dicha capilla fue construida y fue un lugar para celebrar la Misa y guardar la Sagrada Eucaristía. Esta capilla fue bombardeada en 1922 y posteriormente reconstruida. La capilla actual conserva la primera estatua de Nuestra Señora del Rosario de Fátima.

Nuestra Señora también apeló al amor al prójimo de los niños pidiéndoles que rezaran mucho y se sacrificaran por los pecadores, ya que muchas almas van al infierno porque no tienen a nadie que se sacrifique y ore por ellos. En la aparición anterior, Nuestra Señora habló de esto usando diferentes palabras, pero lo hizo más explícito en esta última. ¿Cuál es el valor último de nuestras buenas obras para con nuestro prójimo si estas no son ofrecidas en nuestras oraciones y sacrificios? Nuestra Señora nos mostrará una forma especial para lograrlo, haciendo los *Primeros Sábados*. A su vez, los *Primeros Sábados* fomentarán la práctica diaria de la oración y el sacrificio. Muchos aún tienen que descubrir la gran sabiduría que hay en la petición y la práctica de los *Primeros Sábados*. Si podemos hacer los *Primeros Sábados* unidos en una forma comunitaria como en *Los Primeros Sábados Comunitarios*™ seremos aún más bendecidos, tal como se mencionó anteriormente.

13 de septiembre de 1917

Memorias de la Hermana Lucía

Llegamos, por fin, a Cova de Iría, junto a la carrasca, y comenzamos a rezar el rosario, con el pueblo. Poco después, vimos el reflejo de la luz y, seguidamente, a Nuestra Señora sobre la encina.

—Continúen rezando el Rosario, para alcanzar el fin de la guerra. En octubre vendrá también Nuestro Señor, Nuestra Señora de los Dolores y del Carmen y S. José con el Niño Jesús para bendecir al mundo. Dios está contento con sus sacrificios pero no quiere que duerman con la cuerda; llévenla solo durante el día.

—Me han solicitado para pedirle muchas cosas, la curación de algunos enfermos, de un sordomudo.

—Sí, a algunos los curaré; a otros no. En octubre haré el milagro para que todos crean.

Y comenzando a elevarse, desapareció como de costumbre.

Comentario

De nuevo, podemos notar que los niños rezan el Rosario junto con el pueblo en preparación para la aparición de Nuestra Señora. Entonces sería conveniente rezar el Rosario antes de la venida de Nuestro Señor en la Sagrada Eucaristía durante la Misa. Una vez más, la forma comunitaria de los *Primeros Sábados* sería ideal. *Los Primeros Sábados Comunitarios*™ ofrece esta dinámica y todo lo necesario para comenzar, incluidos los libros para que los fieles puedan seguir la devoción.

Como en cada aparición en Fátima, Nuestra Señora continuó pidiendo a los niños que rezaran el Rosario. Parecería que la mejor manera de fomentar el Rosario es promoviendo *Los Primeros Sábados Comunitarios*™ pues en esta devoción se reza públicamente del Rosario antes de la Misa y se le hace compañía a Nuestra Madre durante la meditación separada y adicional de 15 minutos sobre los Misterios del Rosario después de la Misa. Esto ayuda a que en cualquier ocasión una persona rece el Rosario con las cuentas de forma más fructífera. Además, en *Los Primeros Sábados Comunitarios*™ la meditación de los Misterios del Rosario después de la Misa se realiza usando la *lectio divina* en la Sagrada Escritura, una práctica muy recomendada por la Iglesia (cf. *CEC*, 1177, 2708, también cf. *Verbum Domini*). Esto nos ayuda a recordar las Escrituras cuando rezamos el Rosario con las cuentas. San Juan Pablo II recomienda el uso de la Escritura con el Rosario.

Además, con *Los Primeros Sábados Comunitarios*™ se puede promover el Rosario, puesto que el rezo público del Rosario en la parroquia da testimonio visible y un recordatorio a los fieles para que lo recen. Más aún, Nuestra Señora del Rosario hizo saber que quería la fuerza del Rosario unida a la fuerza de la devoción al Inmaculado Corazón de María. En *Los Primeros Sábados Comunitarios*™, las meditaciones breves antes del rezo de cada decena nos recuerdan el meditar sobre el Inmaculado Corazón de María en cada Misterio. San Lucas menciona el Corazón de María en dos de los Misterios Gozosos y está implícito en los otros tres.

Los Primeros Sábados Comunitarios™ también muestra la relación de las devociones con la Liturgia. Las devociones, y en particular el Rosario, deben encaminarnos hacia la Liturgia y también deben ser una excelente manera de seguir la Liturgia. Como decía San Pablo VI, «la meditación de los misterios del Rosario [...] puede constituir una óptima preparación a la celebración de los mismos en la acción litúrgica y convertirse después en eco prolongado» (*Marialis Cultus*, n. 48). Además, la meditación en los Misterios del Rosario después de recibir la Sagrada Eucaristía en la Santa Misa no solo nos da tiempo adicional para que Jesús esté en nosotros, sino que nos ayuda a rezar mejor el Rosario en cualquier otra ocasión.

En resumen, *Los Primeros Sábados Comunitarios*™ ayuda a promover el Rosario de cinco formas distintas: 1) por medio del Rosario comunitario con las cuentas como una forma de preparación para la Liturgia, 2) une la fuerza del Rosario con la fuerza de la devoción a su Inmaculado Corazón tal como lo indicó Nuestra Señora, 3) tiene una meditación comunitaria, separada y adicional en los Misterios del Rosario en compañía de Nuestra Señora después de que los fieles reciben a Jesús Eucaristía, 4) utiliza la Sagrada Escritura para la meditación en forma de *lectio divina* para una mejor comprensión de los Misterios del Rosario, y 4) da testimonio visible de la importancia del Rosario a toda la parroquia.

Por otro lado, la aparición de Nuestra Madre en septiembre incluyó profecías que podrían cumplirse en el mes siguiente. Nuestra Señora profetizó quiénes vendrían en la visión de octubre: Nuestro Señor, Nuestra Señora de los Dolores, Nuestra Señora del Monte Carmelo y San José con el Niño Jesús para bendecir al mundo. Estas profecías se cumplieron en octubre y, por lo tanto, son pruebas del mensaje de Fátima.

Sin embargo, estas visiones estaban reservadas solo para los niños. La prueba se manifestó cuando los niños dieron un testimonio idéntico cuando fueron interrogados individualmente. Además, Nuestra Señora también predijo un milagro para que todos pudieran creer. En octubre, 70,000 personas presenciaron el milagro del sol. El hecho de que Nuestra Señora cumpliera una profecía ante una gran multitud, que era sabida desde agosto y septiembre, fue en sí misma una prueba separada de las apariciones y del mensaje de Fátima.

Además del milagro en sí, también se podría decir que el efecto del milagro en la vida de las personas fue una especie de prueba. Aquellos que fueron solo a burlarse terminaron de rodillas. En Portugal se produjo un gran cambio. Incluso un ateo prominente se convirtió a la Fe Católica. Ascendió al cargo de presidente de Portugal en la fiesta de Nuestra Señora de Guadalupe, solo dos meses después del milagro del sol; lamentablemente, fue asesinado al año siguiente. Posteriormente, en 1926, se nombró a un presidente que nuevamente hizo las paces con la Iglesia y restauró los valores tradicionales.

Finalmente, los niños encontraron un trozo de cuerda muy áspera que dividieron en tres partes para que cada uno pudiera llevarla alrededor de su cintura a manera de penitencia. A esta cuerda se refiere Nuestra Señora después de decir que Dios está complacido con sus sacrificios. Nuestra Señora les dice que no usen la cuerda por la noche sino solo durante el día. Posiblemente la cuerda iba a interferir con su sueño o incluso con algo más grave.

Durante siglos ha existido la práctica de llevar cordones alrededor de la cintura. Los miembros de la Confraternidad de la Guerra Angélica realizan esta práctica. Sin embargo, ellos portan este cordón como signo de que mantienen una vida de castidad y que aman la Verdad. Esta cofradía se originó a partir de la historia de Santo Tomás de Aquino que luchó contra la tentación y fue ceñido por dos ángeles con un cordón. Este cordón también honra a Nuestra Señora del Rosario que nos dio el mensaje de Fátima, pues tiene un nudo por cada misterio del Rosario. El uso de este cordón nos muestra tres signos visibles de las prácticas del mensaje de Fátima: Las cuentas del rosario representan la oración, el cordón representa el sacrificio y el Escapulario de la Virgen del Carmen representa la devoción al Inmaculado Corazón de María (cf. 13 de octubre).

13 de octubre de 1917

Memorias de la Hermana Lucía

Poco después, vimos el reflejo de la luz y, seguidamente, a Nuestra Señora sobre la encina.

—¿Qué es lo que quiere Ud. de mi?

—Quiero decirte que hagan aquí una capilla en mi honra; que soy la Señora del Rosario; que continúen rezando el Rosario todos los días. La guerra va a acabar y los soldados volverán con brevedad a sus casas.

—Tenía muchas cosas que pedirle: si curaba a algunos enfermos y si convertía a algunos pecadores; etc...

—Unos, sí; a otros no. Es preciso que se enmienden; que pidan perdón por sus pecados.

Y tomando un aspecto más triste:

—No ofendan más a Dios Nuestro Señor, que ya está muy ofendido".

Y, abriendo sus manos, las hizo reflejarse en el sol. Y, mientras se elevaba, continuaba el reflejo de su propia luz proyectándose en el sol.

Comentario

Nuestra Señora pidió que se construyera una capilla en su honor. Una capilla es un lugar donde está presente la Sagrada

Eucaristía en un tabernáculo y donde se puede celebrar la Misa. Aquí los peregrinos pueden venir no solo a honrar a Nuestra Señora, sino también y principalmente, a adorar a su Hijo. Nuestra Santísima Madre nos dijo que ella es la Señora del Rosario. Una vez más, sin falta, Nuestra Señora pide que se rece el Rosario todos los días. El Rosario es el «común denominador» de todas las apariciones. La reparación se menciona en cinco de las seis apariciones y está implícita en la otra. La consagración solo se menciona en una de las seis apariciones y está implícita en la aparición de octubre, como veremos pronto. Que Nuestra Señora mencione la reparación tan a menudo y la consagración solo una vez, muestra un énfasis mucho mayor en la reparación. De las dos peticiones especiales, la intención de reparar al Inmaculado Corazón de María en los *Primeros Sábados* tendrá mayor énfasis que la petición de la consagración de Rusia, como veremos más adelante.

Las sanaciones pueden ocurrir en algunos casos pero no en todos. Pero es necesario que todos enmienden sus vidas y busquen el perdón de sus pecados. Después, Nuestra Señora se veía muy triste.

Claro que, Nuestra Señora está en el Cielo y se encuentra en un estado de perfecta felicidad. Nuestra Señora ve a Dios directamente con su intelecto y, su voluntad descansa en Dios con amor. ¿Cómo puede entonces estar triste? Nuestra Señora también puede comprender el estado pecaminoso del mundo. Ella no puede ser indiferente al mal. Como ama el bien perfecto, también aborrece lo que es contrario a ese bien. Incluso sus emociones, que están en perfecta armonía con su intelecto y voluntad, rechazan el pecado. La apariencia exterior de la Virgen María como Nuestra Señora de los Dolores refleja esta aversión al pecado. De cualquier manera, esto no compromete su perfecta felicidad en Dios. En cierto sentido, ella no sería feliz si no sintiera repulsión por el pecado. Nuestra Señora se alegra de que lo que ofende a Dios la ofende a ella. Como Madre amorosa, ve el bien en cada persona y también el bien que cada quien puede hacer. Sin embargo, también odia los pecados, que son dañinos para nosotros como una enfermedad espiritual. Finalmente, Nuestra Señora ve el bien que ella ama y el mal que ella rechaza dentro del plan de la Divina Providencia, y que todo va encaminado hacia la victoria final de Dios sobre el mal (cf. Cardenal Ciappi OP, *A Heart for All*, 1972, p. 91).

Memorias de la Hermana Lucía

He aquí, Exmo. Señor Obispo, el motivo por el cual exclamé que mirasen al sol. Mi fin no era llamar la atención de la gente hacia él, pues ni siquiera me daba cuenta de su presencia. Lo hice sólo llevada por un movimiento interior que me impulsaba a ello.

Desaparecida Nuestra Señora en la inmensa lejanía del firmamento, vimos al lado del sol, a S. José con el Niño y a Nuestra Señora vestida de blanco, con un manto azul. S. José con el Niño parecían bendecir al Mundo, con unos gestos que hacían con la mano en forma de cruz. Poco después desvanecida esta aparición, vimos a Nuestro Señor y a Nuestra Señora, que me daba idea de ser Nuestra Señora de los Dolores. Nuestro Señor parecía bendecir el Mundo de la misma forma que S. José. Al desvanecerse esta aparición me parecía ver todavía a Nuestra Señora en forma parecida a Nuestra Señora del Carmen.

Comentario

Después de que Lucía fue inspirada para decirle a la gente que dirigiera su mirada hacia el sol, los niños comenzaron a ver las tres visiones, una tras otra junto al sol. Se puede entender que estas tres visiones representan los Misterios Gozosos, Dolorosos y Gloriosos del Rosario, pero también parecen tener significados adicionales.

Los Misterios Gozosos están representados por la aparición de San José y el Niño Jesús bendiciendo al mundo trazando el signo de la Cruz con sus manos. Nuestra Señora está al lado del sol vestida de blanco con un manto azul. Esta visión y las que siguieron cumplieron lo que Nuestra Señora prometió el mes anterior. Esta visión se enfoca en San José y el Niño Jesús bendiciendo al mundo juntos. Esto simboliza que San José también participa en traer la paz al mundo. Con esta visión, Nuestra Señora pide devoción a San José. A medida que estas visiones recuerdan el Rosario, vemos que la devoción a San

José se puede practicar mientras se medita en el Rosario. Como el Rosario es también una práctica de los *Primeros Sábados*, podríamos decir que esta devoción a San José en el Rosario juega un papel esencial para lograr la paz mundial a través de los *Primeros Sábados*. Por este motivo, *Los Primeros Sábados Comunitarios*™ tiene una oración especial a San José antes del rezo del Rosario.

Los Misterios Dolorosos fueron representados por Nuestro Señor bendiciendo al mundo y por Nuestra Señora de los Dolores. Aquí recordamos lo que Nuestra Señora dijo anteriormente sobre la forma en que Dios se siente ofendido por el pecado. De hecho, Jesús fue asesinado por nuestros pecados y Nuestra Señora experimentó la espada del dolor en su Corazón a causa de nuestros pecados.

Además, el signo de la Cruz en los Misterios Gozosos y Dolorosos nos recuerda la visión del Emperador Constantino en la que vio el signo de la Cruz junto al sol y la voz que decía que conquistaría con este signo. Al día siguiente, en el año 312 d.C., se obtuvo una gran victoria y la Iglesia Católica fue liberada de la persecución en el Imperio Romano. Las visiones durante el milagro del sol en Fátima parecen presagiar una victoria mucho mayor que resulta en la paz en todo el mundo obtenida a través del Inmaculado Corazón de María.

Los Misterios Gloriosos fueron representados por la aparición de Nuestra Señora del Monte Carmelo. Por supuesto, Nuestra Señora del Monte Carmelo sostiene al Niño Jesús y es coronada como Reina. Ella trae consigo su Escapulario. San Juan Pablo II dijo que el Escapulario de la Virgen del Carmen puede usarse como signo de consagración al Inmaculado Corazón de María (cf. Mensaje del Santo Padre Juan Pablo II a la Orden del Carmen, 25 de marzo de 2001). El hecho de que el Escapulario de la Virgen del Carmen esté incluido en una representación de los Misterios del Rosario podría ser la razón por la que Hermana Lucía dijo que el Rosario y el Escapulario son inseparables en el mensaje de Fátima. Finalmente, las tres visiones junto al sol implican una victoria del Inmaculado Corazón de María, que incluye a San José y la restauración de la familia, la reparación a Nuestra Señora de los Dolores y la consagración representada por Nuestra Señora del Monte Carmelo.

Independientemente del poderoso testimonio dado por los niños durante su tiempo en prisión, el milagro del sol ante 70,000 personas fue la prueba más impresionante, especialmente para aquellos que no creían. El ateísmo ya estaba siendo adoptado por un gran número de personas en Portugal. Ya en 1915 se decía que Lisboa, Portugal, era la capital del ateísmo en el mundo. La misma situación estaba por ocurrir en Moscú.

Quienes quisieran saber lo que vivieron los ateos que asistieron con la intención de mofarse de las apariciones y terminaron convirtiéndose, pueden leer una gran cantidad de testimonios que están por escrito en relación al milagro del sol, incluyendo los que salieron en los periódicos seculares (cf. *Documents of Fatima and the Memoirs of Sister Lucia*, Martins and Fox, 2002; ewtn.com). A continuación, se relata lo que vio un testigo aunado a un extracto de la investigación del P. De Marchi sobre el milagro del sol.

Relato de un testigo

Mirando el lugar de las Apariciones serena y fríamente y con una curiosidad que se iba amorteciendo, porque el tiempo se deslizaba pausadamente sin que nada activase mi atención, oí el murmullo de millares de voces y vi aquella multitud acomodada a lo largo del campo que a mis pies se extendía, que volvía la espalda al punto al que hasta entonces convergían los deseos y 54 ansias, y miran al cielo del lado opuesto. Eran sobre las dos oficiales, que correspondían, poco más o menos, al mediodía solar.

El sol, momentos antes, había disipado el gruesto grupo de nubes que lo tenía oculto, para brillar clara e intensamente. Me volví hacia ese imán que atraía todas las miradas y pude verlo semejante a un disco nítido de luz viva, luminosa y luciente, pero sin molestar. No me pareció buena la comparación que en Fátima oí hacer, de un disco de plata opaca. Porque tenía un color más claro, atractivo y rico y además con cambiantes como una perla.

No se parecía en nada a la luna en noche transparente y pura porque se venía y se sentía que era un astro vivo. No era como la luna, esférica, no tenía la misma tonalidad ni claro-oscuros. Parecía una rueda bruñida cortada en el nácar de una concha. Tampoco se confundía con el sol encarado a través de la niebla (que por otra parte no hacía aquel tiempo), porque no era opaco, difuso, ni estaba velado. En Fátima tenía luz y calor y se dejaba ver nítido y con bordes en arista, como una mesa de juego. Había en la bóveda celeste ligeros cirros con giros de azul aquí y allá, pero el sol algunas veces se dejó ver en trozos de cielo azul. Las nubes que corrían ligeras de poniente a oriente no empañaban la luz (que no hería) del sol, dando la impresión, fácilmente comprensible y explicable, de que pasaban por detrás; nubes que al deslizarse delante del sol parecían tomar una tonalidad rosa o azul diáfana.

Maravillosa cosa que pudiera fijarse largo tiempo en el astro, llama de luz y brasa de calor, sin el menor dolor en los ojos y sin ningún deslumbramiento en la retina que cegase. Este fenómeno, con dos breves interrupciones, en las que lanzó el sol sus más ardorosos y refulgentes rayos obligando a desviar la vista, debió durar unos diez minutos.

Este disco tenía el vértigo del movimiento. No era el centelleo de un astro en plena vida. Giraba sobre sí mismo con una velocidad pasmosa. De repente se oyó un clamor, como un grito de angustia de toda aquella gente. El sol, conservando la celeridad de su rotación, se destaca del firmamento, y avanza sanguíneo sobre la tierra amenazando aplastarnos con el peso de su ígnea e ingente mole. Fueron momentos de terrorífica impresión.

Durante el accidente solar, que poco a poco estaba describiendo, hubo en la aᴛᴹósfera coloridos cambiantes. Estando mirando al sol, noté que todo se oscurecía a mi alrededor. Miré lo que estaba cerca y alargué mi vista a lo lejos, y todo lo vi color de amatista. Los objetos, el cielo y la atmósfera tenían el mismo color. Un arbusto rojizo, que se erguía delante de mí, lanzaba sobre la tierra una sombra recargada.

Recelando haber sufrido una afección a la retina, hipótesis poco probable, porque dado este caso no debía ver las cosas de color rosa, me volví, cerré los párpados y los La muchedumbre reunida en Cova da Iría durante el prodigio del sol. El periódico portugués O Dia informó que, "Un solo grito salió de todas las bocas; cayeron de rodillas en la tierra encharcada los millares de criaturas a las que Dios y la fe levantaban hasta el cielo…Todos lloraban, todos rezaban. 55 contuve con las manos para interceptar toda luz. Volví a abrir los ojos y reconocí que, como antes, el paisaje, y el aire continuaban del mismo color rosa.

La impresión no era de eclipse. Continuando mirando al sol, reparé que el ambiente había cambiado. Al poco oí a un campesino que decía espantado: ¡'Esta señora está amarilla'! Realmente, todo iba cambiando, de cerca y de lejos, tomando el color de hermosos damascos amarillos. Las personas parecían enfermas de ictericia. Me reía al verlas francamente feas. Mi mano tenía el mismo color amarillo".

«*And in fact everything, both near and far, had changed, taking on the color of old yellow damask. People looked as if they were suffering from jaundice, and I recall a sensation of amusement at seeing them look so ugly and unattractive. My own hand was the same color. All the phenomena which I have described were observed by me in a calm and serene state of mind, and without any emotional disturbance. It is for others to interpret and explain them».* [Y, de hecho, todo, tanto cerca como lejos, había cambiado, tomando el color del viejo damasco amarillo. La gente se veía como si estuviera sufriendo de ictericia, y recuerdo una sensación de diversión al verlos lucir tan feos y poco atractivos. Mi propia mano era del mismo color. Todos los fenómenos que he descrito fueron observados por mí en un estado mental tranquilo y sereno, y sin ninguna perturbación emocional. Corresponde a otros interpretarlos y explicarlos].

Dr. Almeida Garrett, PhD

(Universidad de Coimbra, ewtn.com)

Tomado de *La verdadera historia de Fátima* por John de Marchi, I.M.C.

Acabado el fenómeno solar y cuando la gente se levantó del suelo fangoso, otra sorpresa les esperaba, también naturalmente inexplicable. Unos minutos antes, habían estado de pie en la lluvia torrencial, con la ropa totalmente empapada. Ahora cayeron en la cuenta de que se encontraba su ropa súbita y perfectamente seca. Con qué bondad trataba Nuestra Señora a Sus amigos que habían hecho frente la lluvia y el lodo, y se habían vestido con su ropaje dominical para ir a Su encuentro. (Capítulo X Sexta aparición, continuación, 1947).

Consideremos una última pregunta sobre el milagro del sol. ¿Cómo se compara el milagro del sol con otros milagros de la historia? Ciertamente, sin duda alguna, la Resurrección es el milagro más importante de la historia, ya que nuestra Fe depende de él. Como dijo San Pablo, «Y si Cristo no resucitó, es vana nuestra predicación y vana también la fe de ustedes» (I Cor. 15, 14). Sin Fe, no hay salvación ni vida eterna. Sin embargo, el milagro de la Resurrección estaba reservado para testigos elegidos, aproximadamente 500. Estrictamente hablando, la Resurrección no fue un milagro público.

El milagro del sol en Fátima fue un milagro público. Fue ampliamente publicitado de antemano en Portugal y abierto al público en general, incluso a los enemigos de la Iglesia que controlaban el gobierno y los medios de comunicación. Hubo unos 70,000 testigos presentes ese día en Fátima, incluida la prensa atea, que publicó la historia. Así como la Resurrección, el milagro del sol tuvo la peculiar distinción de haber sido profetizado de antemano. En el caso del milagro del sol, se profetizó que este ocurriría en un día determinado y a una hora precisa. Por estas razones, se puede decir que el milagro del sol es el mayor milagro *público* que se ha profetizado en un día exacto y a una hora precisa en toda la historia. Fue una gran señal; el milagro muestra a Nuestra Señora de Fátima como la Gran Señal (cf. Ap. 12, 1).

Las Tres Apariciones Posteriores a Fátima

Las siguientes tres apariciones son una parte esencial de todo el mensaje de Fátima. Las tres apariciones se centran en las dos peticiones especiales a las que se refirió Nuestra Señora el 13 de julio de 1917. Nuestra Señora dijo que vendría de nuevo para pedir las dos peticiones especiales.

La Primera Aparición Posterior a Fátima

Nuestra Señora y el Niño Jesús vinieron nuevamente el 10 de diciembre de 1925 para pedir y explicar los Primeros Sábados, la segunda petición especial.

Memorias de la Hermana Lucía

El día 10 de diciembre de 1925, se le apareció la Santísima Virgen y al lado, suspenso en una nube luminosa, un Niño. La Santísima Virgen, poniéndole una mano en el hombro, le mostró al mismo tiempo un Corazón que tenía en la otra mano, cercado de espinas. Al mismo tiempo dijo el Niño:

«Ten compasión del Corazón de tu Santísima Madre que está cubierto de espinas que los hombres ingratos continuamente le clavan, sin haber quien haga un acto de reparación para arrancárselas» (*Lucia speaks on the Message of Fatima*, Ave Maria Institute, 1968).

Comentario

Esta aparición de Jesús y María la tuvo Lucía el 10 de diciembre de 1925 en el convento de las hermanas Doroteas en una pequeña ciudad de España llamada Pontevedra. Se puede especular sobre por qué Dios elegiría este lugar para cumplir la promesa que Nuestra Señora hizo el 13 de julio de 1917 de pedir los *Primeros Sábados*. Desde hace cientos de años, los peregrinos que van a Santiago de Compostela desde Portugal pasan por Pontevedra. Además, existe una tradición que dice que hace mucho tiempo, Nuestra Señora se apareció entre los peregrinos de esta ruta. En el siglo XIX se construyó la capilla de la Virgen Peregrina en Pontevedra. Podemos ver que en Portugal ya era familiar el concepto de la Virgen Peregrina debido al Camino Portugués a Santiago de Compostela. Además, al aparecer allí ante la Hermana Lucía en una especie de peregrinación, Nuestra Señora trajo la continuación de su mensaje desde Fátima a Pontevedra.

No fue hasta 1946, que el Papa Pío XII envió dos imágenes internacionales de la Virgen Peregrina desde Fátima hacia el Este y el Oeste. Más tarde también se enviarían muchas otras imágenes nacionales. Esta práctica puede haber estado inspirada en la aparición de la Virgen Peregrina en el camino a Santiago de Compostela.

De nuevo, acabamos de ver que la devoción de los *Primeros Sábados* y la devoción de la Virgen Peregrina están conectadas en Pontevedra. Es por eso que las evocamos en *Los Primeros Sábados Comunitarios*™ y en su *Visitación de la Imagen de la Virgen Peregrina de la Iglesia al Hogar*. La devoción de la Imagen de la Virgen Peregrina puede continuar después de la meditación de la Escritura en los Misterios del Rosario. La Virgen Peregrina sale de la parroquia al terminar *Los Primeros Sábados Comunitarios*™ para establecer el reinado del Sagrado Corazón de Jesús en el hogar y regresa el sábado siguiente con la familia al Corazón Eucarístico de Jesús en la iglesia.

Es interesante notar que la carabela Santa María de Cristóbal Colón, fue construida en Pontevedra. Colón subió a bordo de esta carabela una imagen de la Santísima Virgen. Algunos dicen que se trataba de una imagen de Nuestra Señora de Guadalupe. En Guadalupe, España había un santuario en honor a Nuestra Señora de Guadalupe con su imagen original antes de su aparición en México. Allí, el rey y la reina de España firmaron un documento que autorizaba el viaje de Cristóbal Colón al Nuevo Mundo. La reina Isabel había hecho un retiro en el santuario que la inspiró a conceder la petición de Colón. El mismo Colón hizo un retiro en este santuario de Nuestra Señora de Guadalupe antes de embarcarse en su exploración.

Más tarde, Nuestra Señora aparecería en la Ciudad de México y sería referida como Nuestra Señora de Guadalupe. Sin duda, algunos fieles pudieron ver la mano guiadora de Nuestra Señora desde el comienzo del viaje al Nuevo Mundo hasta el momento de su aparición.

Cuarenta años después, una imagen pintada de Nuestra Señora de Guadalupe viajaría de regreso a España y se colocaría en el buque insignia de la flota cristiana, que obtendría una gran victoria en Lepanto sobre los turcos musulmanes en 1571. Esto salvó a Europa y cambió la historia. Además, la gran victoria tuvo lugar el 7 de octubre. Esta fecha se convirtió en la fiesta de Nuestra Señora del Rosario.

Como vemos en la cita anterior, la Virgen María se apareció con el Niño Jesús. Nuestra Señora sostenía su Corazón en una mano como hemos visto antes en las apariciones de junio y julio de 1917, simbolizando su deseo de reparación. En la aparición de 1925, el Niño Jesús es el primero que habla pidiéndonos por medio de la persona de Lucía que tengamos compasión del Corazón de Su Madre. Jesús ama a su Madre antes que a cualquier otro ser humano. Jesús nos ama por Su Madre y por nosotros mismos. Detrás de la Humanidad de Jesús, Nuestra Señora es la primera y más grande obra de Su creación y el fruto de Su Redención. Si no apreciamos la obra maestra de Jesús,

¿cómo podemos apreciarlo a Él? Si la ofendemos, lo ofendemos a Él. Si la abandonamos, lo abandonamos a Él. Nuestra Señora es un don del Sagrado Corazón de Jesús para nosotros. No solo debemos amar a nuestra Santísima Madre, sino que también debemos demostrarlo quitando misericordiosamente las espinas de nuestros pecados de su Corazón con actos de reparación. Si bien podemos hacer sacrificios por esta intención todos los días, Nuestra Señora desea mostrarnos una forma especial de hacerlo que sea más efectiva e incluso un modelo para otras ocasiones.

Memorias de la Hermana Lucía

En seguida dijo la Santísima Virgen:

— Hija mía, mira Mi Corazón que está rodeado de espinas que los hombres ingratos me clavan continuamente con blasfemias e ingratitudes. Tú, al menos, procura consolarme; y di que prometo ayudar a la hora de la muerte con todas las gracias necesarias para la salvación a todos aquellos que en el primer sábado de cinco meses consecutivos vayan a Confesión y reciban la Sagrada Comunión, reciten cinco misterios del Rosario y me acompañen por un cuarto de hora mientras meditan en los misterios del Rosario, con la intención de hacer reparación a mí (*Lucia speaks on the Message of Fatima*, Ave Maria Institute, 1968). (Traducido del inglés).

Comentario

Nuestra Señora misma nos pide que miremos su Corazón. Hombres ingratos lastiman su Corazón en todo momento con pecados de blasfemia e ingratitud. Esto está sucediendo ahora. Nuestra Señora nos pide por medio de la persona de Lucía que tratemos de consolarla. Como nuestra Madre espiritual, Nuestra Señora nos consuela. A cambio, solo podemos intentar consolarla. Sin embargo, solo podemos esperar y rezar para que nuestra Madre se complazca en aceptar nuestros esfuerzos por consolarla.

Nuestra Señora luego hizo otra promesa. Recordemos que Nuestra Señora ya hizo una promesa el 13 de julio de 1917 con la condición de que cumpliéramos sus dos peticiones especiales. ¿Qué prometió Nuestra Señora? Nuestra Señora prometió la salvación de las almas y un cierto período de paz en el mundo. La segunda petición especial fue hacer los *Primeros Sábados*. Nuestra Señora no mencionó un número definido de *Primeros Sábados* consecutivos, ya que la salvación y la paz en el mundo requieren un esfuerzo continuo de oración y sacrificio. A través de la práctica continua de los *Primeros Sábados* podemos seguir mostrando amor por nuestro prójimo. Una devoción programada y pública de los *Primeros Sábados* en forma comunitaria es lo que permite que esta devoción se realice de manera continua. Para poder llevar a cabo esta forma comunitaria, se ha sido diseñado el concepto de *Los Primeros Sábados Comunitarios*™.

El 10 de diciembre de 1925, Nuestra Señora hizo una segunda promesa y también nos dijo cómo practicar la devoción de los *Primeros Sábados*. Nuestra Señora promete asistir en la hora de la muerte, con todas las gracias necesarias para la salvación, a todos aquellos que cumplan cuatro condiciones específicas, cada una con la intención de hacer reparación a su Inmaculado Corazón. Para obtener esta segunda promesa de Nuestra Señora, necesitamos hacer todo esto en cinco *Primeros Sábados* consecutivos. Se espera que las gracias obtenidas al cumplir cinco *Primeros Sábados* consecutivos también nos permitan perseverar en la práctica permanente de los *Primeros Sábados* para nuestro prójimo y la paz en el mundo.

Es importante notar que Nuestro Señor y Nuestra Señora nunca se refirieron a los *Primeros Sábados* bajo el título de Cinco *Primeros Sábados*, sino simplemente como *Primeros Sábados*. La razón es clara. El cumplimiento de esta primera promesa, por la paz y la salvación de las almas, requiere que los *Primeros Sábados* se practiquen de forma continua. Para mantener la paz, los *Primeros Sábados* necesitarán continuar hasta el fin del mundo.

Además, a partir de las palabras de Nuestra Señora, ella se siente consolada no solo porque hagamos las prácticas de los *Primeros Sábados* y recibamos su promesa, sino también porque les contemos a otros sobre esta devoción y la promesa. En otras palabras, Nuestra Señora quiere que difundamos los *Primeros Sábados*. Por lo tanto, no solo debemos pensar en la salvación de nuestra propia alma y la salvación de los demás mediante la práctica de los *Primeros Sábados*, sino que también debemos difundir los *Primeros Sábados*. Eso quiere decir que Nuestra Señora nos pide no solo orar por los demás, sino también evangelizar a los demás difundiendo la devoción de los *Primeros Sábados*. De hecho, no estamos cumpliendo con el mensaje de Fátima a no ser que estemos difundiendo los *Primeros Sábados*. Más aún, los *Primeros Sábados* es la única devoción en el mensaje de Fátima que Nuestro Señor y Su Madre pidieron explícitamente que se difundiera. Podemos lograr aún más difundiendo e iniciando *Los Primeros Sábados Comunitarios*™ en nuestra propia parroquia y también en otras parroquias.

En otras palabras, Nuestra Señora nos está pidiendo que pongamos en práctica el Sacramento de la Confirmación, pues tenemos el deber de hacerlo. Es una excelente oportunidad de ponerlo en práctica al difundir los *Primeros Sábados*. Al hacerlo, también estamos comprometidos con la evangelización o, en otras palabras, con la propagación del Evangelio y de llevar a las personas a Cristo en la Sagrada Eucaristía. Sería difícil encontrar una mejor manera de cumplir con las obligaciones de la Confirmación que no sea difundiendo los *Primeros Sábados*.

Nuevamente, para cumplir con el pedido de Nuestra Señora para los *Primeros Sábados*, cada una de las 4 prácticas (1) **Confesión**, 2) Rezo de cinco decenas del **Rosario**, 3) Recepción de la **Comunión de Reparación** y 4) **Acompañar a Nuestra Madre mientras meditamos** en los Misterios del Rosario durante los 15 minutos adicionales y separados) deben hacerse con la **intención de hacer reparación al Inmaculado Corazón de María.**

Los *Primeros Sábados* se ofrecen como oración y sacrificio. Es importante tener en cuenta que los sacrificios solo se ofrecen a Dios. Los sacrificios pueden ofrecerse no solo por la conversión de los pecadores sino también en reparación por el pecado. Los *Primeros Sábados* es la iniciativa especial de Nuestro Señor y Nuestra Señora para lograr la conversión de los pecadores y en primer lugar, para hacer reparación por los pecados que ofenden a Dios. Algunos de los pecados que ofenden a Dios son pecados contra nuestro prójimo. Por lo tanto, mediante el sacrificio que ofrecemos a Dios, podemos tratar de hacer reparación *a* Dios por nuestros pecados contra Dios, que incluyen los pecados contra nuestro prójimo.

Además de hacer reparación a Dios *por* nuestros propios pecados, podemos hacer reparación *por* los pecados de otras personas contra Dios. A través de la oración y el sacrificio, como se puede hacer en la devoción de los *Primeros Sábados*, podemos ayudar a pagar las deudas de nuestro prójimo. Esto se deriva del mandamiento de amar a Dios y al prójimo. Esta reparación por los pecados de nuestro prójimo es un acto de amor por nuestro prójimo, pero también podría ser una forma de compensar justamente a nuestro prójimo por nuestros propios pecados contra él o ella. En cualquier caso, esto podría ser como ayudar a pagar las deudas de nuestro prójimo.

Sin embargo, hay ocasiones en las que la única manera de hacer reparación al prójimo es haciendo reparación *a* Dios por los pecados que cometimos hacia nuestro prójimo. Sin embargo, esto no nos exime de tratar de compensar a nuestro prójimo por los daños causados a él o ella directamente o a su propiedad.

El tratar de reparar *nuestros* propios pecados contra Dios y nuestro prójimo es una cuestión de justicia. El tratar de hacer reparación por los pecados de otros, es una cuestión de misericordia y también puede ser justicia. Esta misericordia y esta justicia es la que Nuestro Señor y Nuestra Señora nos piden que realicemos durante los *Primeros Sábados*, pues pueden ayudar a lograr la salvación de las almas. Se podría decir que el amor trae misericordia y la misericordia es más eficaz a través de la reparación y las gracias que podemos obtener para los demás.

Hay otra consideración de gran importancia para nuestra vida espiritual. El Sacrificio de la Misa junto con la Comunión de Reparación es la mayor oportunidad para hacer reparación por los pecados cometidos contra Dios y el prójimo. Además, la recepción de la Sagrada Comunión se puede ofrecer en reparación al Inmaculado Corazón de María, especialmente en los *Primeros Sábados*. Las otras prácticas de los *Primeros Sábados* también pueden ofrecerse en reparación al Inmaculado Corazón de María.

Asimismo, el grado de gracia santificante que recibimos de la Sagrada Eucaristía depende de qué tan bien dispuestos estemos a recibir al Señor. Como Santo Tomás de Aquino dijo, *«Whatever is received is received according to the disposition of the receiver»* [Todo lo que se recibe se recibe de acuerdo a la disposición del receptor]. Por lo tanto, el que los fieles estén bien dispuestos a recibir a Jesús en la Sagrada Eucaristía es la clave para que las gracias fluyan a la Iglesia y al mundo. El estado del mundo fuera de la Iglesia es un reflejo de qué tan bien reciben los fieles a Jesús dentro la Iglesia.

La Confesión, el Rosario y la meditación de la devoción de los *Primeros Sábados* ayudan a prepararnos y a disponernos para recibir la Sagrada Eucaristía. En primer lugar, una Confesión regular prepara el camino al Señor. Al limpiar nuestros pecados con este sacramento, se quitan los obstáculos que impiden que se derrame la gracia de Dios. Además, aunque uno ya pueda estar en estado de gracia, la Confesión nos ayuda para que crezca nuestra disposición para recibir a Jesús.

En segundo lugar, el rezo del Rosario se ofrece no solo en reparación al Inmaculado Corazón de María, sino que también nos dispone a las gracias que Jesús puede derramar en abundancia en la Sagrada Comunión. Recuerda cómo el Ángel preparó a María para recibir a Jesús Encarnado diciendo primero «¡Alégrate!, llena de gracia».

En tercer lugar, los quince minutos de meditación para reparar al Inmaculado Corazón de María después de la Misa en *Los Primeros Sábados Comunitarios*™ también nos dispone a recibir gracias abundantes de Jesús en la Sagrada Eucaristía. La razón de esto es que la gracia no solo es dada instantáneamente por Jesús en la Sagrada Eucaristía, sino que Él continúa dándola mientras estemos atentos a Su presencia dentro de nosotros. En la meditación seguimos atentos a Jesús en Su Presencia Real en nosotros, a través de la palabra de Dios en la Escritura, con la ayuda de Nuestra Señora.

Además, hay otra manera en la que podemos estar más dispuestos para recibir a Jesús. Para cumplir con las cuatro prácticas anteriores de los *Primeros Sábados*, debemos ofrecer cada una en reparación al Inmaculado Corazón de María. ¿Cómo nos ayuda esto a estar dispuestos? Después de entregarse a nosotros en la Sagrada Eucaristía, Jesús nos dio a Su Madre desde la Cruz como el segundo mayor regalo de Su Sagrado Corazón. «Aquí tienes a tu Madre» (Jn. 19, 27). Es cuestión de justicia para Jesús y María que reparemos los pecados contra el Inmaculado Corazón de Nuestra Madre. De esta manera, podemos quitar los obstáculos del pecado en el camino que conduce a Jesús en la Sagrada Eucaristía. Habiendo hecho esto, estaremos mucho más dispuestos a recibir a Jesús.

¿Quiénes de nuestro prójimo han sido los más ofendidos por el pecado? Jesús es una Persona Divina con una naturaleza humana y una naturaleza divina. Por lo tanto, Él es Dios pero también es hombre. Como hombre, Él sería nuestro primer prójimo, aquel con Quien más estamos en deuda y Quien más ha sido ofendido por el pecado. Para hacer frente a esta deuda de pecado, Jesús le pidió a Santa María Alacoque que en los *Primeros Viernes* se ofrecieran Comuniones de Reparación por los pecados cometidos contra Su Sagrado Corazón. Estas Comuniones de Reparación fueron solicitadas nuevamente por el Papa Pío XI en *Miserentissimus Redemptor*, como se mencionó anteriormente. Sin embargo, esta no es la única forma en la que podemos ofrecer nuestra reparación al Sagrado Corazón de Jesús. Una de estas formas incluye a otra persona. Analicemos ahora el otro prójimo con el que estamos en deuda.

Nuestro primer prójimo después de Jesús es nuestra Santísima Madre. Los pecados contra nuestra Santísima Madre, después de Jesús, son los pecados más graves contra nuestro prójimo. Esto es así porque ella es la Madre de Dios. Ésta es la mayor dignidad que se le puede dar a una simple criatura humana de carne y hueso. Cuanto mayor sea la dignidad de una persona, mayor será la gravedad de la ofensa en su contra. Esto no quita mérito al hecho de que todos tienen la misma dignidad en la medida en que comparten una naturaleza humana común.

El Amor Maternal de su Inmaculado Corazón, por Dios y por nosotros, no tiene comparación con el amor que se da entre los seres humanos comunes y corrientes. Este Amor se expresó de manera extraordinaria en un momento especial de la historia. En ese momento, Nuestra Señora consintió libremente en su Inmaculado

Corazón que toda la gracia y la verdad vinieran al mundo en la Persona de Jesucristo, nuestro Salvador. Por esta razón, uno de los primeros Padres de la Iglesia, San Ireneo, la llamó «la causa de nuestra salvación». Esto debería ayudarnos a comprender la oración de Santa Jacinta: «Dulce Corazón de María, sé mi salvación». Sin embargo, el consentimiento del Corazón de Nuestra Señora solo fue el comienzo de su colaboración con el Redentor como Madre de Cristo en su totalidad.

Además, como ya hemos indicado, Jesús nos amó tanto que nos dio a su Madre para que fuera nuestra Madre y esto lo proclamó en la Cruz. Jesús dijo: «Aquí tienes a tu madre» (Jn. 19, 27) mientras ella compartía Su sufrimiento. Después de la Sagrada Eucaristía, nuestra Santísima Madre es para nosotros el mayor don de Su Sagrado Corazón.

Como Madre de Dios, ella es el Camino Inmaculado por el cual Jesús vino a nosotros, y por eso también es el Camino Inmaculado por el cual podemos llegar a Él, de igual manera a la que Él es el Camino al Padre. Por tanto, nuestra reparación al Inmaculado Corazón de María es una devoción más completa al Sagrado Corazón de Jesús. Así, como Madre de Dios y como nuestra Madre espiritual, nuestra responsabilidad hacia ella es mayor que hacia cualquier otro simple ser humano o ángel. Esta responsabilidad también significa que debemos reparar los pecados cometidos contra nuestra Santísima Madre, la Madre más olvidada del mundo.

Dado que la reparación al Inmaculado Corazón de María es reparación al Sagrado Corazón de Jesús, debemos tener en cuenta que nuestra reparación al Inmaculado Corazón de María tiene como fin reparar también al Sagrado Corazón de Jesús. Esto lo vemos plasmado en nuestras Comuniones de Reparación. Las oraciones de Fátima pueden ayudarnos a estar más plenamente dispuestos a recibir la Sagrada Comunión en reparación por el pecado. En cierto modo, los *Primeros Viernes* están incluidos en los *Primeros Sábados*, ya que los *Primeros Viernes* deben hacerse en reparación al Sagrado Corazón de Jesús. Sin embargo, de ser posible, también es bueno procurar hacer los *Primeros Viernes* en reparación al Sagrado Corazón de Jesús.

Solo podemos intentar hacer reparación por los pecados cometidos contra el Inmaculado Corazón de María, ya que nuestros esfuerzos por sí mismos no alcanzan a desagraviar las ofensas contra su Corazón como tampoco lo hacen nuestros esfuerzos para tratar de desagraviar el Sagrado Corazón de Jesús. Sin embargo, Dios en su misericordia nos permite hacer con su gracia lo que no podemos hacer por nosotros mismos (cf. *CEC*, n. 1460). La práctica de los *Primeros Sábados* requiere la gracia del Espíritu Santo obtenida a través del Inmaculado Corazón de María.

Nuestra Señora promete también las gracias de salvación a quienes practiquen esta devoción durante cinco *Primeros Sábados* consecutivos. Sin embargo, no olvidemos mostrar amor y misericordia al prójimo con la práctica continua de los *Primeros Sábados*, y si podemos hacerlo en forma comunitaria como en *Los Primeros Sábados Comunitarios*™, tanto más efectiva será. Al perseverar en la práctica de los *Primeros Sábados*, podemos no solo intentar hacer reparación nuestros propios pecados, sino también por los pecados de los demás. Al tener la intención de hacer reparación al Inmaculado Corazón de María, esperamos consolarla por todos estos pecados. De esta manera, ofrecemos una reparación más completa y mayor consuelo al Sagrado Corazón de Jesús.

Además, nada nos impide hacer una Comunión de Reparación cualquier otro día, especialmente los domingos. Estar mejor dispuestos para recibir la Sagrada Comunión en los *Primeros Sábados* debería mejorar nuestra disposición a recibir la Sagrada Comunión en otros momentos, incluso cuando cumplimos con nuestra obligación dominical. Hay que recordar que no podemos cumplir con los *Primeros Sábados* a menos que cumplamos con el precepto dominical y las fiestas de guardar.

Cabe señalar que la devoción de los *Primeros Sábados* también se ofrece a Dios por la conversión de los pecadores. Esto significa que, durante los *Primeros Sábados*, también estamos intercediendo en favor de los pecadores para obtener para ellos la gracia del arrepentimiento o su conversión y también otras gracias.

La Segunda Aparición Posterior a Fátima

El Niño Jesús le pregunta a Lucía si había difundido los Primeros Sábados.

Memorias de la Hermana Lucía

El 15 de febrero de 1926, volviendo allí como de costumbre, vi a un niño que me pareció que ser el mismo que había conocido hace unos meses; entonces le pregunté:

— ¿Ya le pediste a la Madre del Cielo que te dé al Niño Jesús [a manera de oración]?

El niño voltea a verme y me dice:

— ¿Y tú ya has difundido por el mundo lo que la Madre del Cielo te pidió?

En eso, el niño se transformó en un Niño resplandeciente y, al darme cuenta que era Jesús, le dije:

— ¡Jesús mío! Tú sabes bien lo que mi Confesor me dijo en la carta que Te leí. Me dijo que era necesario que la visión se repitiera y que hubieran hechos para que fuera creíble; y que la Madre Superiora por sí misma no podía hacer nada para difundir la devoción.

— Es verdad que la Madre Superiora nada puede por sí misma, pero con mi gracia lo puede todo. Es suficiente con que tu Confesor te dé permiso y que tu Superiora lo diga para que sea creído; aun cuando no se sepa a quien se le ha revelado. (Traducido del libro en inglés *Fatima in Lucia's Own Words*, 2007).

Comentario

Si bien Nuestra Señora dijo el 13 de julio de 1917 que regresaría a pedir tanto la consagración de Rusia como los *Primeros*

Sábados, su primera aparición después de Fátima con el Niño Jesús fue únicamente en relación con los *Primeros Sábados*. Poco tiempo después, el Niño Jesús se apareció solo para preguntar si se habían difundido los *Primeros Sábados*. Esta segunda aparición parece indicar que Nuestro Señor Jesús toma un rol más importante que Nuestra Señora en la petición de los *Primeros Sábados*. La reiteración de Jesús por la difusión de *Primeros Sábados* continúa en las locuciones de la Hermana Lucía. No debería sorprendernos demasiado el darnos cuenta de que esto es algo que Dios quiere. Recordemos que Nuestra Señora dijo el 13 de julio de 1917: «Dios quiere establecer en el mundo la devoción a mi Inmaculado Corazón». Los *Primeros Sábados* representan la forma más importante para lograr que esto se cumpla. *Los Primeros Sábados Comunitarios*™ da testimonio público y visible de que esto y mucho más se está realizando.

La segunda aparición posterior a Fátima (15 de febrero de 1926) se puede dividir en dos partes con respecto al mensaje dado por el Niño Jesús. La primera parte se refiere a la difusión de los *Primeros Sábados*. Se trata de un seguimiento de la aparición anterior en la que Nuestra Señora da a conocer su deseo de difundir los *Primeros Sábados*. Entonces, Jesús, en la segunda aparición posterior a Fátima, el 15 de febrero de 1926, enfatiza la gran importancia de hacerlo.

La segunda parte de este mensaje de Jesús del 15 de febrero de 1926 sobre la Confesión, podría llamarse la introducción a la tercera aparición de 1929. Al hablar de la Confesión (15 de febrero de 1926), Jesús abordó la primera de las cuatro prácticas de los *Primeros Sábados* en reparación al Inmaculado Corazón de María. Las siguientes tres prácticas y la intención de los *Primeros Sábados* se abordaron tanto con palabras como con imágenes en la tercera aparición posterior a Fátima (1929).

En cuanto a la primera parte del mensaje, el Niño Jesús le preguntó a Hermana Lucía si ya había «difundido por el mundo» la devoción de reparación (es decir, los *Primeros Sábados*) que pedía nuestra Madre celestial. Por supuesto, Jesús sabía que ella no había podido hacer mucho, pero con la pregunta dio a conocer que quería que la devoción de los *Primeros Sábados* se extendiera por todo el mundo. La Hermana Lucía pudo responder a la pregunta refiriéndose a las dificultades que tuvo. De hecho, le tomó más de 13 años el poder tener un folleto impreso sobre los *Primeros Sábados* con el *imprimatur* del obispo. Al menos, este folleto constituyó la primera aprobación eclesial de la devoción de los *Primeros Sábados* revelada a la Hermana Lucía. Sin embargo, se podría decir que difundir los *Primeros Sábados* fue algo muy difícil de lograr. Eventualmente, varias organizaciones y lo que ahora es el Apostolado Mundial de Fátima pudieron hacer mucho más. Aun así, es difícil ver una práctica generalizada de la devoción de los *Primeros Sábados*, especialmente en la forma en que Nuestra Señora pidió que se hiciera. De hecho, durante muchos años el interés por los *Primeros Sábados* disminuyó; sin embargo, hoy en día está en aumento nuevamente.

La dificultad en difundir los *Primeros Sábados* se explica con el hecho de nuestros planes no son los planes de Dios. Hemos visto al mundo volverse cada vez más ateo y envuelto en una cultura de muerte, mientras que los *Primeros Sábados* casi no son practicados. Incluso más allá de la Segunda Guerra Mundial, la sangre de los inocentes se desborda como un río, las familias han sido destruidas, innumerables personas han sido martirizadas por la Fe y un gran número se ha alejado de la Iglesia, por nombrar solo algunas de las tribulaciones. Sin embargo, cuanto más fuerte sea la oposición, mayor será la victoria. La buena noticia es que cuanto peor se pongan las cosas, más apreciaremos el triunfo del Inmaculado Corazón de María. ¿Participaremos en ese triunfo? ¿Difundiremos la devoción de los *Primeros Sábados*?

Es interesante ver cómo un confesor le había dicho a la Hermana Lucía que la Superiora por sí sola nada podría hacer. Nuestro Señor Jesús sabía que eso era verdad. Se podría decir que gran parte del esfuerzo que se hace en el mundo se hace sin pedir la ayuda de Dios. Este es un problema grave. Muchos piensan que pueden confiar en sí mismos; sin embargo, incluso Jesús dijo, «les aseguro que el Hijo no puede hacer nada por sí mismo sino solamente lo que ve hacer al Padre» (Jn. 5, 19).

Así pues, consideremos el resto de lo que Jesús le dijo a Lucía. «Es verdad que tu Superiora sola nada puede; pero con mi gracia lo puede todo». También es cierto que la gracia es un don, un don que Dios puede derramar en abundancia cuando lo crea conveniente. Si estamos esperando que la humanidad se lo merezca, estaremos tristemente decepcionados porque no sucederá. Dios debe hacernos dignos primero por Su gracia. Aquí vemos que todo depende de la misericordia de Dios. Dios ofrece misericordia a través de la devoción de los *Primeros Sábados*. La devoción de los *Primeros Sábados* florecerá a su debido tiempo al igual que el triunfo de Nuestra Señora. Hay quienes piensan que tienen el control, pero es Dios quien tiene el control.

Memorias de la Hermana Lucía

Presentó a Jesús las dificultades que tenían algunas almas de confesarse en sábado y pidió que fuese válida la confesión de ocho días. Jesús respondió:

—Sí, puede ser de muchos días más todavía, con tal que, cuando me reciban, estén en gracia y tengan la intención de desagraviar al Inmaculado Corazón de María.

Ella preguntó:

—Jesús mío, ¿y las que olviden tener esta intención?"

Jesús respondió:

—Pueden hacerla en otra confesión siguiente, aprovechando la primera ocasión que tuvieran de confesarse.

Comentario

Aquí vemos la segunda parte del mensaje en esta segunda aparición posterior a Fátima. Lucía le preguntó a Jesús si la Confesión para los *Primeros Sábados* podría hacerse ocho días antes. Jesús respondió que podía hacerse incluso con más de ocho días de anticipación. Sin embargo, no da un número de días definido. Es posible que Jesús quisiera dejar un número indeterminado de días para que la Iglesia lo decidiera. La Iglesia indica el número de días para la confesión cuando se da una indulgencia plenaria. Esto puede cambiar, pero actualmente el número es de 20 días antes o después del cumplimiento de la devoción que tiene concedida una indulgencia plenaria. Tendría sentido utilizar este número también para los *Primeros Sábados*. Esto fácilmente permitiría a una persona hacer una confesión mensual y, al mismo tiempo, tener la oportunidad de obtener una indulgencia plenaria todos los días (cf. *Manual of Indulgences*, USCCB). Curiosamente, a pesar de lo que dijo Jesús, muchos todavía dicen que hay que confesarse cada ocho días.

Aunque la Confesión puede hacerse a más de ocho días de la Comunión de Reparación del Primer Sábado, Jesús dijo que una persona debe estar todavía en estado de gracia cuando Él sea recibido en la Eucaristía. Se puede leer más sobre esto último en el *Catecismo de la Iglesia Católica* (n. 1415).

San Pablo nos advierte sobre este asunto:

> Por eso, el que coma el pan o beba la copa del Señor indignamente tendrá que dar cuenta del Cuerpo y de la Sangre del Señor. Que cada uno se examine a sí mismo antes de comer este pan y beber esta copa; porque si come y bebe sin discernir el Cuerpo del Señor, come y bebe su propia condenación. Por eso, entre ustedes hay muchos enfermos y débiles, y son muchos los que han muerto. Si nos examináramos a nosotros mismos, no seríamos condenados. Pero el Señor nos juzga y nos corrige para que no seamos condenados con el mundo (I Cor. 11, 27-32).

Al examinarnos a nosotros mismos, también debemos hacer uso del Sacramento de la Penitencia, por el cual Jesús derramó Su Sangre para ayudarnos a recibir dignamente la Sagrada Comunión. Además, necesitamos discernir la presencia real de Jesús en Su Cuerpo, Sangre, Alma y Divinidad. Debido a que muchos no respetan Su presencia real, muchos están débiles y enfermos, y son muchos los que han muerto. Esto no se refiere a una condición física sino a una condición espiritual del alma. «[…] son muchos los que han muerto» significa que algunos están en estado de pecado mortal y no en estado de gracia.

Finalmente, Jesús dijo que quienes se olvidan de hacer la intención de reparación al Inmaculado Corazón de María «pueden hacerla en otra confesión siguiente, aprovechando la primera ocasión que tuvieran de confesarse». Esto debería recordarnos la importancia de tener esta intención cuando cumplimos cada una de las cuatro condiciones de los *Primeros Sábados*.

Como se mencionó anteriormente, la segunda parte del mensaje de esta aparición es una introducción o punto de inicio para la tercera aparición (1929). Las otras tres prácticas y la intención de los *Primeros Sábados* estarán de alguna manera representadas en la siguiente aparición. Recordemos cómo San Juan Bautista preparó al pueblo al llamarlo al arrepentimiento. Se nos dice que la gente incluso estaba confesando sus pecados en el río Jordán (cf. Mt. 3, 6). Más tarde, Juan, al mirar a Jesús que pasaba, dijo: «Este es el Cordero de Dios» (Jn. 1, 36). Debemos saber que el Cordero de Dios es una metáfora de Jesús en la Sagrada Eucaristía. Se enfatiza la confesión como punto de partida para los *Primeros Sábados*, porque a menos que uno esté en estado de gracia, el resto de las prácticas de los *Primeros Sábados* no cumplirán con la petición de Nuestra Señora. Además, tiene sentido que Jesús dé más detalles sobre la práctica de la Confesión en un día distinto de la tercera aparición porque esta es la única práctica que, de ser necesario, se puede hacer en otro día que no sea el primer sábado. Las otras tres prácticas deben cumplirse ese mismo día.

La Tercera Aparición Posterior a Fátima

Memorias de la Hermana Lucía

13 de junio de 1929

Había pedido y obtenido licencia de mis superioras y del confesor, de hacer la Hora Santa de once a media noche, de los jueves a los viernes. Estando una noche sola, me arrodillé entre la balaustrada, en medio de la capilla, postrada, para rezar las oraciones del Ángel. Sintiéndome cansada, me incorporé y continué rezando con los brazos en cruz.

Comentario

Hasta este punto del mensaje de Fátima, no se ha mencionado nada específico sobre hacer una Hora Santa ante el Santísimo Sacramento. Sin embargo, sabemos que Francisco pasó tiempo frente al Santísimo Sacramento. De igual manera, parece que Lucía fue inspirada para hacer esto a menudo en su convento. Entonces, hay una buena razón para incluirlo como una práctica del mensaje de Fátima, especialmente porque la Hora Santa mencionada anteriormente fue bendecida con una visión muy importante relacionada con el mensaje de Fátima. Sin embargo, el mensaje de Fátima no requiere explícitamente de una Hora Santa.

La Hora Santa que la Hermana Lucía hacía, era de jueves a viernes, de once a doce de la noche. Este horario es ideal, pues nos recuerda a la vigilia que se hace en Jueves Santo frente al Santísimo Sacramento. Además, esta práctica significa que la Hermana Lucía habría hecho una Hora Santa antes de cada Primer Viernes en reparación al Sagrado Corazón de Jesús.

En la memoria que acabamos de leer, la Hermana Lucía nos dice que rezó las oraciones del Ángel:

Dios mío, yo creo, adoro, espero y te amo. Te pido perdón por los que no creen, no adoran, no esperan y no te aman.

Santísima Trinidad, Padre, Hijo, Espíritu Santo, te adoro profundamente y te ofrezco el preciosísimo Cuerpo, Sangre, Alma y Divinidad de Jesucristo, presente en todos los sagrarios de la tierra, en reparación de los ultrajes, sacrilegios e indiferencias con que Él mismo es ofendido. Y por los méritos infinitos de su Santísimo Corazón y del Corazón Inmaculado de María, te pido la conversión de los pobres pecadores.

Claramente, la Hermana Lucía estaba haciendo actos de fe, adoración, esperanza y amor, y pidiendo perdón por quienes no poseían estas virtudes. En la segunda oración, ofrecía oportunamente a Jesús presente en todos los sagrarios del mundo a la Santísima Trinidad en reparación por los pecados que lo habían ofendido. Además, Lucía buscaba las gracias del Sagrado Corazón de Jesús a través del Inmaculado Corazón de María para la conversión de los pecadores.

Memorias de la Hermana Lucía

La única luz era la de la lámpara. De repente se iluminó toda la capilla, con una luz sobrenatural y sobre el altar apareció una cruz de luz, que llegaba hasta el techo. En una luz más clara se veía, en la parte superior de la cruz, un rostro de hombre con el cuerpo hasta la cintura; sobre el pecho una paloma también de luz y, clavado en la cruz, el cuerpo de otro hombre. Un poco por debajo de la cintura, suspendido en el aire se veía un Cáliz y una Hostia grande sobre la cual caían unas gotas de Sangre que corrían a lo largo del rostro del Crucificado y de una herida en el pecho.

Comentario

Se podría decir que la Hermana Lucía vio una representación de lo que estaba rezando. Esta era la oración Eucarística que el Ángel le había enseñado y que comienza diciendo «Santísima Trinidad...» Es la Santísima Trinidad la que está representada en la visión. En la parte superior de la Cruz, la Hermana Lucía ve el rostro y el cuerpo de un hombre hasta la cintura. Esto representa al Padre. Ella ve una paloma de luz en el pecho del hombre. Esto representa al Espíritu Santo. Además, ella vio a otro hombre clavado en la Cruz que representaba al Hijo. También vio una gran hostia debajo de la cintura, sobre la que caían gotas de sangre del rostro y del costado del hombre que representaba a Jesús. La gran hostia y las gotas de sangre representan la Sagrada Eucaristía. La Sagrada Eucaristía es el don más grande del Sagrado Corazón de Jesús y esto está representado por la Sangre que fluye de Su costado. La Cruz de luz no se menciona en su oración, pero ella reza con los brazos extendidos en forma de cruz.

De esta manera, la oración del Ángel puede representar el Sacrificio de Jesús y la ofrenda de la Sagrada Eucaristía a la Santísima Trinidad.

Si bien Jesús ya no derrama Su sangre, continúa ofreciéndose en la Misa de manera incruenta. La Sagrada Eucaristía no sólo se ofrece sino que se recibe. Cuando a los niños se les enseñó la oración «Santísima Trinidad [...]», se les dio la Sagrada Comunión y se les pidió que hicieran reparación. Luego, los niños repitieron la oración nuevamente, en la que ofrecieron la Sagrada Eucaristía en reparación por los pecados. Así, ofrecieron una Comunión Reparadora a la Santísima Trinidad. Esto podría entenderse como una Comunión de Reparación por los pecados cometidos contra el Sagrado Corazón de Jesús. Sin embargo, de manera similar, a través de la devoción de los *Primeros Sábados*, Nuestra Señora le enseñó a la Hermana Lucía a ofrecer una Comunión de Reparación por los pecados contra Su Inmaculado Corazón, que finalmente es en reparación al Sagrado Corazón de Jesús.

Memorias de la Hermana Lucía

Escurriendo por la Hostia, estas gotas caían dentro del Cáliz. Bajo el brazo derecho de la cruz estaba Nuestra Señora: («era Nuestra Señora de Fátima, con su Inmaculado Corazón... en la mano izquierda..., sin espada ni rosas, pero con una corona de espinas y llamas...»). Bajo el brazo izquierdo, unas letras grandes, como si fuesen de agua cristalina, que corrían hacia el altar, formaban estas palabras: «Gracia y Misericordia».

Comentario

Nuevamente vemos a Nuestra Señora con su Corazón en Su mano simbolizando el llamado a la reparación a Su Inmaculado Corazón. La Hermana Lucía afirma que es Nuestra Señora de Fátima. Pero recordemos que Nuestra Señora de Fátima se identificó como la Señora del Rosario. En este sentido, la visión representa su petición de rezar el Rosario. Sin contar la Confesión, de la cual ya se había hablado en la aparición anterior, en esta última visión se representan las condiciones y la intención de los *Primeros Sábados*. La Comunión de reparación se puede evocar tanto en la oración como en la visión. La meditación adicional en los Misterios del Rosario en compañía de

Nuestra Señora también puede ser recordada por el Misterio de la Crucifixión y también por el Misterio de la Institución de la Sagrada Eucaristía. Finalmente, la intención de hacer reparación los *Primeros Sábados* al Inmaculado Corazón de María y en otras ocasiones es buscada por Nuestra Señora al sostener Su Corazón en la mano.

Finalmente, en la visión, bajo el brazo izquierdo de la Cruz, se representa el fluir de la gracia y la misericordia. Al morir por nosotros, Jesús mostró su gran misericordia. Al morir en la Cruz, Jesús mereció las gracias para nuestra salvación y nuestra paz. Jesús también mostró en esta visión que la gracia y la misericordia nos llega a través del Sacrificio de la Misa y la Sagrada Comunión. Como se ve debajo de la Cruz en esta visión, la gracia y la misericordia de la Sagrada Eucaristía nos llegan por intercesión del Inmaculado Corazón de María. Esta recepción de gracia y misericordia es especialmente posible cuando cumplimos con nuestra obligación dominical, hacemos los *Primeros Sábados* y en cualquier otro momento cuando asistimos a misa y recibimos los sacramentos.

El no cumplir con el precepto dominical y las fiestas de guardar sin una justificación adecuada es un grave problema, puesto que puede ser un pecado mortal. En este caso, uno debe ir a la Confesión especialmente antes de recibir la Sagrada Comunión. Además, se necesita tener como intención no volver a faltar a las misas dominicales y fiestas de guardar si no hay una exculpación, como podría ser, una enfermedad grave. Siempre hay que estar en estado de gracia cuando se recibe la Sagrada Comunión, incluyendo el Primer Sábado.

Memorias de la Hermana Lucía

Comprendí que me era mostrado el misterio de la Santísima Trinidad y recibí luces sobre este misterio que no me es permitido revelar.

Después Nuestra Señora me dijo:

— Ha llegado el momento en que Dios pide al Santo Padre que haga, en unión con todos los Obispos del mundo, la consagración de Rusia a mi Inmaculado Corazón; prometiendo salvarla por este medio. Son tantas las almas que la justicia de Dios condena por pecados cometidos contra Mí, que vengo a pedir reparación; sacrifícate por esta intención y reza.

Comentario

La Hermana Lucía entendió que lo que se le mostraba era el Misterio de la Santísima Trinidad, que se nos manifiesta al irrumpir en el tiempo y la historia a través de la Encarnación de Jesucristo. El sacrificio último de Jesús en la Cruz manifiesta el amor entre el Padre y el Hijo, un amor que es la Persona del Espíritu Santo. Por su crucifixión, Jesús nos revela a la Santísima Trinidad de la manera más sublime que la mente humana puede comprender en esta vida.

La visión puede ayudarnos a comprender que al ofrecernos Su Cuerpo y Su Sangre, Jesús también nos ofrece la vida de la Santísima Trinidad. Porque Jesús revela en la visión, que desde la Cruz donde Él está, también está Su Padre y el Espíritu Santo. Jesús dijo: «El que me ama será fiel a mi palabra, y mi Padre lo amará; iremos a él y habitaremos en él» (Jn. 14, 23). Jesús viene a nosotros en la Sagrada Eucaristía, el don más grande de Su Sagrado Corazón, hecho posible por Su muerte en la Cruz. Al recibir a Jesús, también recibimos al Padre y al Espíritu Santo. Al recibir a Jesús en el Santísimo Sacramento, puede haber un aumento de la gracia santificante en el alma. El Espíritu Santo imparte y sostiene esta vida de gracia. Donde el Espíritu Santo está presente, también están el Padre y el Hijo. Es por la gracia que la Santísima Trinidad permanece dentro de nosotros. Por lo tanto, podemos hablar de la morada de la Santísima Trinidad.

En la meditación después de la Misa de *Los Primeros Sábados Comunitarios*™, se centra la atención en la Santísima Trinidad que habita de manera especial en nuestro interior cuando recibimos a Jesús en la Sagrada Eucaristía. Porque donde está Jesús, también está el Padre y el Espíritu Santo. La presencia de Jesús dentro de nosotros en la Sagrada Eucaristía por tiempo indefinido después de la Misa, nos permite seguir recibiendo las gracias impartidas por Él en el Santo Sacramento.

Antes de comenzar a hablar sobre esta aparición, recordemos que discutimos dos apariciones posteriores a Fátima concernientes solo a los *Primeros Sábados*. En esta tercera aparición posterior a

Fátima, hemos mencionado peticiones explícitas e implícitas sobre la reparación al Inmaculado Corazón de María y otras prácticas relacionadas con los *Primeros Sábados*, en cuyo centro está la Sagrada Eucaristía. Después de que la Hermana Lucía tuvo la visión de lo que ella comprendió como la Santísima Trinidad, Nuestra Señora cumplió su promesa de pedir la consagración colegial de Rusia en una sola frase a su Inmaculado Corazón. Sin embargo, está claro que el mayor énfasis en esta última aparición posterior a Fátima se ha puesto en los *Primeros Sábados*, y únicamente en los *Primeros Sábados* en las dos apariciones anteriores. Este énfasis tiene sentido, ya que es a través de la oración y el sacrificio que podemos manifestar nuestro amor a Dios y al prójimo. Es a través de la oración y el sacrificio que no solo suplicamos por los pecadores, sino que también ofrecemos reparación a Dios. La forma más elevada de adoración y reparación que podemos ofrecer a Dios es el Sacrificio de la Misa junto con la recepción de la Sagrada Comunión. Podemos estar preparados para el Cordero mediante la Confesión y el rezo del Rosario, que podemos cumplir como parte de la devoción de los *Primeros Sábados*.

El 13 de julio de 1917, Nuestra Señora dijo que vendría a pedir la consagración de Rusia a su Inmaculado Corazón y que el Santo Padre la llevaría a cabo. El 13 de junio de 1929, Nuestra Señora dio una explicación más completa de esta petición especial. Ella nos dijo que el Santo Padre debía hacer la consagración de Rusia a su Inmaculado Corazón junto con los obispos del mundo. Esto es lo que se llama un acto colegial de consagración. En cierto modo, esto anticipó cierto enfoque que el Concilio Vaticano II le dio a la colegialidad (cf. *Lumen Gentium*).

Cabe mencionar que un acto colegial es también un acto comunitario. El 25 de marzo de 1984, San Juan Pablo II hizo la consagración en unión con los obispos del mundo.

Los sacerdotes y fieles laicos fueron invitados a unirse con sus obispos para hacer la consagración de 1984 e incluir su propia consagración personal al Inmaculado Corazón de María, sin que su intención fuera precisamente el cumplir con la petición especial de Nuestra Madre. De hecho, esta consagración también se realizó en muchos lugares del mundo de manera pública. Sin embargo, no se requirió la participación de los fieles para determinar si se había cumplido con la petición especial.

Si uno no se ha consagrado personalmente al Inmaculado Corazón de María, todavía es posible unir la consagración al acto colegial. En cierto sentido, este acto personal de consagración a Jesús a través del Inmaculado Corazón de María es una renovación más explícita de la consagración bautismal a Jesús a través del Inmaculado Corazón de María.

Se podría decir que comparar cualquier forma de consagración con los *Primeros Sábados* es, en forma limitada, como comparar el Bautismo con la Sagrada Eucaristía. El bautismo incluye la consagración del bautizado. La Sagrada Eucaristía es Jesús mismo ofreciendo un Sacrificio de Reparación en la Misa en los *Primeros Sábados*, los domingos y todos los demás días. Al hacerlo, Jesús nos ofrece la oportunidad de unirnos a Su ofrenda con y a través del sacerdote, y también de hacer una Comunión de Reparación. El Bautismo, al impartir gracia santificante e incluir una consagración, es el sacramento más necesario para nuestra salvación y es requerido para recibir cualquier otro sacramento. La Sagrada Eucaristía, que es Jesús, imparte la gracia santificante y ofrece reparación; y es el sacramento más excelso del cual dependen todos los demás sacramentos. A través de este último sacramento, los fieles no solo reciben gracia santificante, sino que también pueden hacer reparación al unirse a sí mismos al Sacrificio de Jesús al recibir la Sagrada Comunión. No hay mejor forma para hacer reparación que durante e inmediatamente después de la Misa. Después de la Sagrada Comunión, Jesús se mantiene en nosotros durante un periodo de tiempo después de la Misa. Mientras uno está atento a la Presencia Real de Jesús en este tiempo, no solo continúa fluyendo la gracia que viene de Jesús en la Eucaristía hacia nosotros, sino que también tenemos la oportunidad de ofrecer este tiempo en reparación por los pecados. Por tanto, es evidente que la devoción de los *Primeros Sábados* sobrepasa en importancia a la consagración colegial, puesto que la devoción incluye a Jesús Mismo en la Sagrada Eucaristía, «fuente y culmen» de nuestras vidas. Es fácil comprender ahora por qué se hace mucho mayor énfasis en la reparación que en la consagración a lo largo del mensaje de Fátima.

En cuanto a las dos peticiones de Nuestra Señora, después de haberse realizado la consagración colegial, la promesa del fin de la persecución religiosa en Rusia comenzó a darse casi inmediatamente. Para el año de 1991 se había cumplido incluso más de lo prometido. Aún así, Nuestra Señora requiere que las dos peticiones especiales se cumplan para obtener un periodo de paz y la conversión completa de Rusia. Por lo que, es la segunda petición especial la que falta por cumplirse. Esta no puede completarse en un solo día, pero debemos continuar la práctica de los *Primeros Sábados* públicamente hasta que llegue el periodo de paz. Incluso, esta debe continuar durante el periodo de paz para mantener esa paz. Si los fieles descuidan la práctica pública de los *Primeros Sábados* durante el periodo de paz, esta paz terminará. Una interpretación del libro del *Apocalipsis* señala que cuando el periodo de paz, llamado «el Milenio» termine, Dios castigará a los impíos y los fieles continuarán los *Primeros Sábados* públicamente con mayor fervor. Por consiguiente, habrá una nueva era de paz antes de la Segunda Venida de Jesús para juzgar al mundo. ¿Cuándo vendrá Jesús? Nadie lo sabe.

En el año 2000, la Iglesia confirmó oficialmente que se había cumplido la consagración colegial al Inmaculado Corazón de María (*El Mensaje de Fátima*, vatican.va). Además, el Vaticano escribió:

La Hermana Lucía confirmó personalmente que este acto solemne y universal de consagración correspondía a los deseos de Nuestra Señora (*"Sim, està feita, tal como Nossa Senhora a pediu, desde o dia 25 de Março de 1984"*: "Sí, desde el 25 de marzo de 1984, ha sido hecha tal como Nuestra Señora había pedido": carta del 8 de noviembre de 1989). Por tanto, toda discusión, así como cualquier otra petición ulterior, carecen de fundamento. (*El Mensaje de Fátima*, vatican.va).

En 1989, cuando la Hermana Lucía hizo esta declaración, el comunismo en la Unión Soviética ya se estaba desmoronando, para asombro del mundo. La persecución de la Iglesia en esa zona estaba llegando a su fin, como Jesús le había prometido a la Hermana Lucía (cf. la Carta del 29 de mayo de 1930, p. 117 más adelante). Jesús nunca le dijo a la Hermana Lucía que solo con la consagración se daría la conversión de Rusia, sino más bien, que pondría fin a la persecución. Esta conversión requeriría el cumplimiento de ambas peticiones especiales.

Como vimos anteriormente, Nuestra Señora dijo que promete salvar a Rusia con la consagración. Podríamos decir que Rusia se ha salvado del comunismo de una manera increíblemente maravillosa, pero se salvará por completo cuando hayamos practicado suficientemente los *Primeros Sábados*. Esta salvación completa depende del cumplimiento de ambas peticiones especiales, necesarias para obtener un período de paz y la salvación de las almas. Además, el hecho de que Rusia sea completamente salva significa que la Iglesia Ortodoxa Rusa estará en plena comunión con la Iglesia Católica Romana. Esta unión llevará a que toda la nación sea transformada bajo el reinado de Cristo Rey. Esto presupone la purificación y renovación de la Iglesia Católica por medio de los *Primeros Sábados*.

Finalmente, en esta visión de 1929, Nuestra Señora concluyó sus apariciones apelando nuevamente a la reparación a su Inmaculado Corazón porque son muchas las almas condenadas por la justicia de Dios por los pecados contra ella. Nuestra Señora también le pidió a Hermana Lucía que rezara y se sacrificara por esta intención de reparación a Nuestra Madre. La devoción de los *Primeros Sábados*, así como es presentada por Nuestra Señora, representa la mejor forma de reparación al Inmaculado Corazón de María. La reparación al Inmaculado Corazón de María es una de las formas más completas de hacer reparación al Sagrado Corazón de Jesús. El razonamiento para esto es el siguiente. El Corazón Materno de María es un don del Sagrado Corazón de Jesús, por lo que Él se ofende cuando Su don es rechazado. Cuando se rechaza el don de Jesús, se rechaza su Sagrado Corazón. Esto también requiere reparación. Por tanto, toda reparación al Inmaculado Corazón de María es reparación al Sagrado Corazón de Jesús.

Memorias de la Hermana Lucía

Más tarde por medio de una comunicación íntima, Nuestra Señora me dijo, quejándose:

111

—No han querido atender mi petición... Al igual que el rey de Francia se arrepentirán, y la harán, pero ya será tarde. Rusia habrá esparcido ya sus errores por todo el mundo, provocando guerras, persecuciones a la Iglesia: el Santo Padre tendrá que sufrir mucho.

Comentario

Las palabras anteriores parecen ser de una comunicación que tuvo lugar después de la visión de 1929. Nuestro Señor predijo que la petición de la consagración no sería atendida durante mucho tiempo y que Rusia ya habría extendido sus errores por todo el mundo. Esta profecía ciertamente se cumplió.

Como se mencionó anteriormente, a medida que pasaba el tiempo en la década de 1930, Rusia ya estaba extendiendo sus errores por todo el mundo, de modo que el mundo entero estaba absorbiendo las ideas comunistas sin percatarse de ello. Recordemos que Nuestra Señora pidió la consagración para prevenir que se esparcieran los errores alrededor del mundo. En la década de 1930, la prevención ya no fue una opción. Todo el mundo necesitaba curarse de la enfermedad llamada comunismo que incluía un plan para crear un nuevo orden mundial. Teniendo esto en cuenta, parecía razonable que el Santo Padre consagrara el mundo al Inmaculado Corazón de María. En 1935, la Beata Alejandrina, totalmente devota del mensaje de Fátima, recibió una revelación privada en la que Jesús le decía que el Santo Padre debía consagrar el mundo al Inmaculado Corazón de María (Pasquale, Humberto, *Beata Alexandrina*, 9a Ed., [Editor: Edições Salesianas] p. 22). Bajo la influencia del director espiritual de la Beata Alejandrina, los obispos de Portugal escribieron al Papa Pío XI pidiendo la consagración del mundo al Inmaculado Corazón de María (cf. *Documents on Fatima & the Memoirs of Sr. Lucia* por el P. Martins y el P. Fox, 2002, pág. 366). El 2 de diciembre de 1940, en su carta al Papa Pío XII, la Hermana Lucía pidió la consagración del mundo al Inmaculado Corazón de María con una mención especial a Rusia y que esto se hiciera en unión con los obispos del mundo (cf. *Documents on Fatima & the Memoirs of Sr. Lucia* por el P. Martins y el P. Fox, 2002, p. 386).

San Juan Pablo II mantuvo la intención de consagrar el mundo al Inmaculado Corazón de María, con una mención especial de Rusia cuando se reunió con los obispos en 1984. En la consagración escrita hay una referencia especial a aquellas naciones "que tienen necesidad particular de esta entrega y de esta consagración" (El *Mensaje de Fátima*, vatican.va). El Santo Padre dijo más tarde que tenía la intención específica de consagrar Rusia cuando hizo la consagración. Cuando cayó el comunismo en la Unión Soviética, de la que Rusia formaba parte, gran parte del resto del mundo siguió estando gravemente infectado por la ideología comunista. Sin embargo, la promesa de Nuestro Señor a Hermana Lucía fue más que cumplida en Rusia (cf. Carta del 29 de mayo de 1930, p. 117). El fin de la persecución indica que la consagración se cumplió. La persecución también terminó en muchos otros países que estaban aliados con Rusia.

Así, el Papa y los obispos han hecho su parte con buenos resultados. Además, el Papa y los obispos cumplieron colegialmente el primer pedido que era hacerlo de manera comunitaria. Ahora los fieles deben hacer su parte para completar el trabajo, incluido el cumplimiento de la segunda solicitud especial, a saber, los *Primeros Sábados*. ¿Por qué no intentar cumplir la segunda solicitud especial también de manera comunitaria? La devoción de los *Primeros Sábados* debe ser visible y pública. Además, Hermana Lucía afirmó que nuestra oración y penitencia deben ser públicas y comunitarias. *Los Primeros Sábados Comunitarios*™ lo hace posible.

Cartas y Locuciones

A reserva de que se indique lo contrario, los textos de las cartas y locuciones que se muestran a continuación, son citas de *Documents on Fatima & the Memoirs of Sr. Lucia* por el P. Martins y el P. Fox, 2002 con nuestra traducción al español. Algunos de los textos seleccionados vienen acompañados de un comentario.

Las siguientes cartas de la Hermana Lucía hacen referencia a los *Primeros Sábados*. El enfoque principal en sus cartas a finales de los años 20, 30 y hasta los 40 está en los *Primeros Sábados* y en la consagración de Rusia y el mundo al Inmaculado Corazón de María.

De hecho, en estas cartas vemos que las dos peticiones especiales de Nuestra Señora mencionadas por primera vez el 13 de julio de 1917, se enfatizan más que cualquier otra práctica del mensaje de Fátima. Aquí se evidencia la importancia de las dos peticiones especiales. Sin embargo, la petición de los *Primeros Sábados* es la que ha recibido el mayor énfasis en todo el mensaje en su conjunto y en sus cartas conocidas hasta 1945. Una de estas peticiones, la consagración, se ha cumplido. Por tanto, queda una petición especial, específicamente, los *Primeros Sábados*. Si pudiéramos tomar un medicamento que sanara las enfermedades de la guerra y el odio en el mundo, ¿apoco no lo tomaríamos? Tal medicamento es los *Primeros Sábados*.

¿Será que esta devoción es un remedio para el mundo básicamente porque en sus apariciones Nuestra Señora propuso los *Primeros Sábados* como una de las dos peticiones especiales que alcanzarían la salvación de las almas y un período de paz? Sin ninguna referencia a las apariciones de Nuestra Señora, San Juan Pablo II dijo: «Cristo vencerá por medio de Ella, porque Él quiere que las victorias de la Iglesia en el mundo contemporáneo y en el mundo del futuro estén unidas a Ella». (*Cruzando el Umbral de la Esperanza*, 1995). San Juan Pablo II también enseñó que Nuestra Señora mediaba todas las gracias; por lo tanto, es justo que reconozcamos que las victorias de la Iglesia provienen de ella. Pero, ¿será que esto requiere de la devoción de los *Primeros Sábados*?

Es un hecho revelado que Nuestra Señora sufrió con su Hijo a causa de nuestros pecados. San Lucas nos lo anticipa en el Evangelio: «Y a ti misma una espada te atravesará el corazón. Así se manifestarán claramente los pensamientos íntimos de muchos» (Lc. 2, 35). Deben revelarse nuestros pensamientos en relación a la espada que atraviesa el Corazón de Nuestra Señora. Existe una gran injusticia hacia Nuestra Madre y Nuestro Señor debido a nuestros pecados. Es necesario atender esta injusticia para que Nuestra Señora triunfe y traiga la paz y la salvación al mundo. Al hacer los *Primeros Sábados*, intentamos hacer reparación por esos pecados de la forma más potente posible. Esto se puede lograr, ante todo, gracias a la Comunión de Reparación. Asimismo, la devoción de los *Primeros Sábados* incluye otras prácticas importantes que ayudan a disponer a los fieles a una recepción más fructífera de la Sagrada Comunión, como ya hemos comentado. Así, los *Primeros Sábados* pueden ser la mejor cura no solo para los individuos sino también para naciones enteras, en el entendido de que los *Primeros Sábados* incluyen el cumplimiento del precepto dominical.

Febrero de 1926. Carta sobre los *Primeros Sábados*, relato de las apariciones de los *Primeros Sábados*.

El 24 de julio de 1927, la Hermana Lucía le escribió una carta a su madre para presentarle la devoción de los *Primeros Sábados* e instalar a hacerla y difundirla. Lucía ya pensaba que la meditación separada de 15 minutos podría parecer difícil para muchas personas.

> Pienso que son los quince minutos los que van a dar más confusión. Pero es muy sencillo. ¿Quién no puede pensar en los misterios del Rosario? ¿En la anunciación del ángel y en la humildad de nuestra querida Madre, que al verse tan elogiada se llama esclava? ¿Quien en la pasión de Jesús, sufrió tanto por amor a nosotros? ¿Y en nuestra Santísima Madre junto a Jesús en el Calvario? ¿Quién, entonces, con estos santos pensamientos, no puede pasar quince minutos cerca de la más tierna de las madres? (pág. 277).

Comentario

Las palabras anteriores nos muestran lo sencillo que puede ser la meditación de quince minutos en compañía de Nuestra Madre. No requiere una metodología difícil, ni preguntas teológicas profundas o un diálogo con Nuestra Señora. Ni siquiera requiere de un libro. Aún así, la meditación está abierta a una variedad de enfoques diferentes que pueden ser beneficiosos. En *Los Primeros Sábados Comunitarios*™ se incluye una meditación comunitaria después de la Misa. Esta meditación también es fácil de seguir, ya que los fieles son guiados paso a paso. También brinda a los fieles la oportunidad de hacer uso de la Escritura, que es la fuente de los Misterios del Rosario. San Juan Pablo II recomendó meditar en la Sagrada Escritura antes de cada decena del Rosario. La meditación separada en los Misterios del Rosario brinda una gran oportunidad para aprovechar mejor la Sagrada Escritura. Si bien la Iglesia recomienda encarecidamente el uso de las Escrituras, la Iglesia también recomienda el uso del antiguo método de lectura orante conocido como *lectio divina* para meditar en las Escrituras. Así, *Los Primeros Sábados Comunitarios*™ emplea la *lectio divina* para guiar a los fieles a través de la meditación comunitaria. Lo mismo podría hacerse en una meditación individual.

Una de las grandes ventajas de esta meditación comunitaria utilizando la Sagrada Escritura es que también nos ayuda ampliamente a meditar en cada decena del Rosario cuando lo rezamos en otros momentos. Mientras rezamos el Rosario con las cuentas, podemos recordar más fácilmente lo que aprendimos al hacer la *lectio divina* utilizando la Sagrada Escritura. La *lectio divina* también nos impulsa a aumentar nuestro uso de la Escritura, pues es de gran ayuda para nuestro crecimiento espiritual y para evangelizar. De esta manera podemos ayudar a cumplir la misión que se nos ha confiado a través del Bautismo y la Confirmación.

1 de noviembre de 1927, carta a la madrina de la Hermana Lucía. La Hermana Lucía le explicó los *Primeros Sábados* a su madrina y le pidió que difundiera la devoción. En la carta, la Hermana Lucía dijo que nunca se había sentido tan feliz como cuando iniciaron el primer sábado de reparación. Podemos intentar dar a Jesús y María el consuelo de ser amados con los *Primeros Sábados*.

Comentario

Debemos considerar la importancia que tanto Jesús como Su Madre le dieron a la práctica y a la difusión de los *Primeros Sábados*. En otras palabras, para cumplir con el mensaje de Fátima no solo debemos practicar los *Primeros Sábados*, sino también difundir los *Primeros Sábados*. Esto es relevante ahora más que nunca para que el mundo se recupere de su enfermedad espiritual. ¿Estamos difundiendo los *Primeros Sábados*? *Los Primeros Sábados Comunitarios*™ es la mejor manera que conocemos para hacer la devoción, pues permite que sea más sencillo para cada persona cumplir con el deseo de Nuestra Señora y facilita su cumplimiento en un mayor número de personas.

17 de diciembre de 1927. En esta fecha la Hermana Lucía escuchó una locución de Jesús. Posteriormente, la Hermana Lucía escribió una carta describiendo la locución. En la locución, Jesús instruyó a la Hermana Lucía para que escribiera sobre los *Primeros Sábados* manteniendo en secreto el resto del secreto del 13 de julio de 1917. Luego, la Hermana Lucía describió las dos primeras apariciones posteriores a Fátima en relación a los *Primeros Sábados*.

29 de mayo de 1930. Carta y locución sobre los *Primeros Sábados*. La Hermana Lucía volvió a explicar en detalle la devoción de los *Primeros Sábados*. En la locución, ella entendió de Jesús que después de la consagración de Rusia y cuando cesara la persecución, *«In response to the end of this persecution, His Holiness is to promise to approve of and recommend the practice of the already mentioned devotion of reparation»* [**En respuesta al fin de esta persecución, Su Santidad promete aprobar y recomendar la práctica de la devoción de reparación ya mencionada**] (p. 281, lo que está en negritas es énfasis nuestro). La Hermana Lucía mencionó la petición de Jesús dos veces en la carta. La primera vez que la Hermana Lucía la mencionó, habló de que el Señor la instó a pedirle al Santo Padre que aprobara los *Primeros Sábados*. Más adelante veremos que la Hermana Lucía pidió al Papa Pío XII que bendijera y difundiera la devoción por todo el mundo. Sin embargo, el Señor dijo que el Santo Padre debe cumplir con esta petición después de que se haga la consagración y termine la persecución en Rusia. La persecución de la Iglesia en Rusia inició su fin en 1984 y finalizó en 1991.

Comentario

Mientras que se pide a los fieles que cumplan los *Primeros Sábados*, vemos en la carta y la locución anterior que el Santo Padre tiene un papel que desempeñar en la aprobación y recomendación de los *Primeros Sábados*. Los obispos han aprobado los *Primeros Sábados*. La devoción de los *Primeros Sábados* se menciona en el texto de la segunda parte del secreto dado el 13 de julio de 1917 en el sitio web del Vaticano (*Mensaje de Fátima*, vatican.va). Además, en el *Directorio sobre la Piedad Popular y la Liturgia* emitido por San Juan Pablo II también puede entenderse que se otorga aprobación al referirse a los cinco *Primeros Sábados*.

Sin embargo, hasta el momento en el que se redacta el presente libro, no ha habido ninguna declaración oficial de ningún Papa con respecto a la devoción de los *Primeros Sábados* revelada en 1925. Esto hay que remarcarlo, ya que dos Papas indulgenciaron dos devociones del Primer Sábado antes de que se explicara una versión diferente de la devoción de los *Primeros Sábados* en 1925. Sin embargo, estas indulgencias ya no están vigentes desde que se emitieron nuevas normas después del Concilio Vaticano II. Ahora se puede obtener una indulgencia plenaria más fácilmente rezando el Rosario con los miembros de la familia, en la comunidad religiosa, en una asociación piadosa o en una iglesia o capilla bajo las condiciones habituales (cf. *Manual of indulgences,* 2006).

De hecho, el continuo apoyo de la Iglesia al rezo del Santo Rosario y la considerable atención que ha prestado al mensaje de Fátima son sumamente alentadores. Esperamos que el cumplimiento de cada paso conduzca a la paz y la salvación. No obstante, en lo que queda por hacer, los caminos de Dios no son los nuestros. Podemos estar seguros de que la Divina Providencia está trabajando en cada paso del camino para la mayor gloria de Dios.

Además, San Juan Pablo II y los obispos han cumplido la primera petición especial de consagración con resultados impresionantes, a saber, la caída de la Unión Soviética y el fin de la persecución religiosa en el bloque oriental. Esto significa que la persecución no solo se detuvo en Rusia sino también en muchos otros países que estaban aliados con Rusia.

Cabe recalcar que, antes de su colapso, la Unión Soviética estaba compuesta por 15 repúblicas, incluida Rusia. Además, había otras 7 naciones independientes controladas por la Unión Soviética. Estas eran Alemania del Este, Bulgaria, Polonia, Hungría, Checoslovaquia, Rumania y Albania. Albania se separó en los años 50 y se alineó temporalmente con la China comunista. Yugoslavia desarrolló su propia forma independiente de comunismo. Todos estos países estaban dentro de la llamada «Cortina de Hierro» que separaba Europa Oriental y Occidental.

Los eventos que llevaron al colapso de la Unión Soviética y sus aliados comenzaron casi inmediatamente después de la consagración el 25 de marzo de 1984. Solo unas semanas después, un sitio de misiles nucleares soviéticos estalló en el Pacífico el **13 de**

mayo de 1984. Para los soviéticos, esto significó el fin de la tensa carrera armamentista, que casi resultó en un holocausto nuclear el año anterior. Al año siguiente en 1985, Gorbachov asumió el poder y comenzó a buscar tratados nucleares. También introdujo una reestructuración y la libertad de expresión.

Incluso antes del colapso de la Unión Soviética, en Europa del Este cada vez había más libertad (1985-1989). Todas las Repúblicas de la Unión Soviética y las otras siete naciones fueron liberadas del control comunista y se convirtieron en naciones democráticas independientes. Fue de especial importancia que el muro de Berlín, que dividía a Alemania Oriental de Alemania Occidental, cayera en 1989. Los dos países se reunieron en 1990. El año de 1989 fue clave para la libertad en Polonia y en muchos otros países. La disolución de la Unión Soviética concluyó el 25 de diciembre de 1991. Poco antes, los comunistas intentaron un golpe de estado el 19 de agosto de 1991, en el aniversario de la aparición de Nuestra Señora en Fátima, pero fracasaron el 22 de agosto en la fiesta de María Reina.

Como podemos ver, el resultado de la consagración colegial fue aún mayor de lo que Jesús había prometido. Esto demuestra la infinita misericordia de Dios al conceder incluso más de lo que promete. El colapso de la Unión Soviética y el retorno de la libertad religiosa son en sí mismos una prueba clara de que se logró la consagración colegial. En la actualidad, Rusia continúa haciéndose más cristiana mientras que gran parte del resto del mundo sucumbe a los errores del comunismo.

Sin embargo, el cumplimiento de la segunda petición especial traerá consigo la conversión *completa* de Rusia. No obstante, hay algo que debe hacerse antes de que se cumpla la segunda petición. Jesús pidió en la locución citada anteriormente que cuando termine la persecución, el Santo Padre debe prometer aprobar y recomendar los *Primeros Sábados*.

La devoción de los *Primeros Sábados* parece merecer un reconocimiento público por parte del Santo Padre al menos igual al que se le da a la consagración colegial, ya que, de las dos peticiones especiales del Mensaje de Fátima, la de los *Primeros Sábados* es la más importante. Podemos estar seguros de que el resultado de esta atención pública hacia los *Primeros Sábados* fomentará una mayor participación en la devoción y ayudará a traer el triunfo del Inmaculado Corazón de María.

Es importante destacar que a pesar de que se ha realizado un esfuerzo bastante grande para reunir millones de peticiones para la proclamación del dogma de la Maternidad Espiritual de Nuestra Señora, hasta el momento en el que se redacta el presente libro, no ha habido esfuerzos públicos que se comparen con este último para recomendar los *Primeros Sábados*. El hacer llegar peticiones al Santo Padre con respecto a los *Primeros Sábados* puede ser de utilidad. No obstante, Nuestro Señor le dijo a Lucía que la aprobación y recomendación de los *Primeros Sábados* (como se explicó el 10 de diciembre de 1925) será en respuesta al cese de las persecuciones en Rusia. Esta persecución se ha detenido. Oremos para que llegue la hora en que el Santo Padre apruebe y recomiende personalmente los *Primeros Sábados* como pidió Nuestro Señor Jesús, para que un mayor número de fieles participe en la devoción.

6 de junio de 1930, carta sobre los *Primeros Sábados*. La Hermana Lucía le hizo preguntas a Jesús tales como, ¿por qué son cinco *Primeros Sábados*? Nuestro Señor dio las siguientes razones:

> Hija, el motivo es simple: hay cinco tipos de ofensas y blasfemias contra el Inmaculado Corazón de María.
>
> 1°: Blasfemias contra Su Inmaculada Concepción.
>
> 2°: Contra Su virginidad.
>
> 3°: Contra la Divina Maternidad, negándose, al mismo tiempo, a recibirla como Madre de los hombres.
>
> 4°: Los que buscan públicamente implantar, en el corazón de los niños, la indiferencia, la falta de respeto y hasta el odio a la Madre Inmaculada.
>
> 5°: Los que la injurian directamente en Sus Sagradas Imágenes. Aquí, querida hija, está el motivo que llevó al Inmaculado Corazón de María a pedirme este pequeño acto de reparación. Y,

por respeto a ella, Mi misericordia hará que perdone a aquellas almas que han tenido la desgracia de ofenderla. En cuanto a ustedes, busquen sin cesar, con sus oraciones y sacrificios, ser misericordioso con estas pobres almas (p. 284; la fecha del 6 de junio fue insertada por el P. Gonçalves).

Comentario

Si bien estos son pecados que van directamente contra el Inmaculado Corazón de María, hay muchos otros pecados que se derivan de estos. Por ejemplo, los pecados contra los tres primeros motivos: la Inmaculada Concepción, la Virginidad y la Maternidad Divina, pueden tener una relación significativa con los pecados del aborto y la anticoncepción.

La Inmaculada Concepción nos recuerda no solo que Nuestra Señora fue concebida sin pecado original, sino que también existía como persona en su concepción. Por tanto, tenía derecho a la vida.

La Virginidad de Nuestra Señora fue una condición para la Encarnación y también nos recuerda la importancia de la castidad. Tener conciencia de lo anterior podría eliminar muchos abortos y también el uso de anticonceptivos.

Es importante recordar que el tercer tipo de ofensa no es solo contra la Maternidad Divina, sino también contra Nuestra Señora como nuestra Madre Espiritual. Al profesar que Nuestra Señora es la Madre de Dios, se defiende el dogma de que Jesús es Dios— fundamento de todo lo que creemos—. Además, al consentir en ser la Madre de Dios, Nuestra Señora nos trajo la Salvación. Más aún, tales pecados contra la maternidad de María atacan toda maternidad de la cual, Nuestra Madre es el mayor ejemplo. Si se ataca a la mejor madre de todas, se ataca a todas las madres. Además, honrar la maternidad de Nuestra Señora debería fortalecer el compromiso que tenemos de preservar la vida del niño no nacido, porque la maternidad de Nuestra Señora inspira a apreciar la propia maternidad al cuidar a un niño.

No debemos olvidar que el tercer tipo de ofensa contra el Inmaculado Corazón de María no es solo en su contra por ser Madre de Dios, sino también por ser nuestra Madre Espiritual. ¿Qué significa que Nuestra Señora sea nuestra Madre Espiritual? Primeramente, Nuestra Señora es Nuestra Madre Espiritual por cooperar con nuestra Redención; segundo, por ser quien media todas las gracias para nosotros; y tercero, por ser nuestra Abogada ante Dios. Nuestra salvación eterna depende de esta Maternidad. Aún así, Nuestra Señora es la madre peor tratada más desatendida en el mundo. No podemos permitir que esto continúe.

Asimismo, tales pecados contra el Inmaculado Corazón de María también pueden conducir a una forma de feminismo que degrada la maternidad y la virginidad. Estos pecados tienen un efecto corruptor en nuestra sociedad. Ahora caminamos por las ruinas de esa sociedad.

El cuarto tipo de ofensa, que habla sobre la relación de Nuestra Señora con los niños, se refiere a algo hecho públicamente. Una de las formas en que se hace esto es mediante las blasfemias contra Nuestra Señora difundidas a través de los diversos medios de comunicación. Esto es algo que podemos asociar con las obras de Satanás. Recordemos que hay enemistad entre la mujer y la serpiente (Gn 3, 15). En el libro del *Apocalipsis* vemos que Satanás se pone delante de la mujer esperando devorar a su hijo y luego la persigue (Ap 12, 4, 13).

Como dijo Nuestro Señor, el motivo de hacer los cinco *Primeros Sábados* consecutivos es hacer reparación por los cinco tipos de ofensas contra Nuestra Madre. El quinto tipo de ofensa es contra las Sagradas Imágenes de Nuestra Señora. *Los Primeros Sábados Comunitarios*™ amplía aún más esta reparación con la Visitación de la Imagen de la Virgen Peregrina de la Iglesia al Hogar después de la meditación de 15 minutos. A través de esta devoción, Nuestra Señora busca extender el reinado del Sagrado Corazón de su Hijo en los hogares de los fieles. El sábado siguiente, Nuestra Señora representada en la imagen, regresa a la iglesia con la familia para conducirlos al Corazón Eucarístico de Jesús.

Inmediatamente después de nombrar la quinta ofensa contra el Inmaculado Corazón de María, Jesús dijo: «Aquí está el motivo». Entonces, podría parecer como si Jesús se estuviera refiriendo solo a los pecados contra las Sagradas Imágenes de Nuestra Señora. Sin embargo, al principio, Jesús se refiere al «motivo» de los cinco *Primeros Sábados*, es decir, los cinco tipos de ofensas contra el Inmaculado Corazón de María. Por estas cinco ofensas, Nuestra Señora pidió este «pequeño acto de reparación». La práctica de los cinco *Primeros Sábados* es un «pequeño acto de reparación» en el sentido de que no puede compensar por completo la gravedad de los pecados contra el Inmaculado Corazón de María. No obstante, a cambio de este «pequeño acto de reparación», se nos promete a cada uno de nosotros las gracias de la salvación. También se nos anima a seguir haciendo los *Primeros Sábados* por la salvación de otros. Cuando Dios vea que un buen número de personas ha realizado un número suficiente de *Primeros Sábados*, Nuestra Señora promete obtener la salvación de muchas almas y un cierto período de paz en el mundo. A través del poder de la oración pública que ofrece *Los Primeros Sábados Comunitarios*™ esperamos aumentar el valor de esta reparación y así obtener más prontamente el cumplimiento de las promesas.

Aunque es posible que no podamos proporcionar una compensación justa por el pecado, esperamos que al tratar de satisfacer la justicia podamos obtener la misericordia de Dios. En los párrafos anteriores, vemos cómo Jesús nos insta a buscar sin cesar su misericordia, con nuestras oraciones y sacrificios, hacia aquellos que han ofendido a Su Madre. Esta petición de Jesús en el contexto de los motivos de los *Primeros Sábados* también debe animarnos a seguir practicando los *Primeros Sábados* de forma indefinida. Debemos tener en cuenta también que el Inmaculado Corazón de María ha sido traspasado por nuestros los pecados.

Lucía también preguntó a Jesús: «*And who is not able to fulfill all the conditions on a Saturday, will they not be able to do it on a Sunday?*» [¿Y quien no pueda cumplir con todas las condiciones en sábado, podría hacerlo en domingo?] Jesús respondió: «*It will be equally acceptable the practice of this devotion on the Sunday following the first Saturday, when my priests for a just reason, so grant it to souls*» [Será igualmente aceptable la práctica de esta devoción el domingo siguiente al primer sábado, cuando mis sacerdotes, por una razón justa, lo concedan a las almas] (*Documents of Fatima and the Memoirs of Sister Lucia*, Martins and Fox, 2002, p. 284). Seguir la directiva de Jesús no solo ayudaría a prevenir la laxitud con respecto a esta devoción, sino que también brindaría a los sacerdotes la oportunidad de ser más conscientes de esta devoción. Este contacto con los sacerdotes también podría brindar la oportunidad de discutir los *Primeros Sábados* con mayor detalle y, de alguna manera, interesarlos para apoyar esta devoción.

28 de octubre de 1934, la carta se refiere a los *Primeros Sábados*. El Obispo de Leiria prometió promover los *Primeros Sábados*. La Hermana Lucía olvidó hablarle sobre la consagración de Rusia.

26 de mayo de 1935, la carta se refiere a los *Primeros Sábados*. La Hermana Lucía dijo que le escribió al obispo para recordarle su promesa de hacer una publicación referente a los *Primeros Sábados*. Ella estaba muy decidida en difundir esta devoción de reparación. Pero diez años pasaron desde que Nuestra Señora pidió que se hicieran las prácticas y la difusión de los *Primeros Sábados*.

19 de marzo de 1939, la carta se refiere a los *Primeros Sábados*:

> La Guerra o la Paz del mundo dependen de la práctica de esta devoción unida a la consagración al Inmaculado Corazón de María. Por eso quiero que se difunda, y, sobre todo, porque es el deseo de Nuestro Señor y de muestra querida Madre Celestial [...] (p. 367).

Comentario

Cuando se menciona «esta devoción» en esta carta, sabemos que se refiere a la devoción de los *Primeros Sábados* por lo que dice el texto original en el párrafo anterior a este y no está incluido aquí. Si aún hay dudas acerca de las *dos peticiones especiales*, las palabras anteriores de la Hermana Lucía confirman, además, que la consagración aunada a los *Primeros Sábados* traerá paz al mundo. Esto fue proclamado por primera vez por Nuestra Señora en su aparición del 13 de julio de 1917.

Además, la única vez que se menciona la palabra «difundir» en todo el mensaje de Fátima es en relación a los *Primeros Sábados*. El 10 de diciembre de 1925, durante la primera aparición posterior a Fátima, Nuestra Señora pidió la difusión de los *Primeros Sábados*. En la segunda aparición posterior a Fátima, el 15 de febrero de 1926, Nuestro Señor inmediatamente preguntó sobre la propagación de los *Primeros Sábados*. Lucía mencionó la necesidad de difundir los *Primeros Sábados* el 26 de mayo de 1935, el 19 de marzo de 1939 como se citó anteriormente, y nuevamente el 20 de junio de 1939. Está claro que no se puede el mensaje de Fátima completamente sin difundir los *Primeros Sábados*.

No obstante, parece que ha surgido un problema en cuanto a la forma en que la gente piensa que se logrará la paz en el mundo. Existe la opinión de que la paz resultará cuando el Santo Padre proclame el dogma de la Maternidad Espiritual de Nuestra Señora. Pero para entender esto correctamente debemos tener en cuenta lo que dijo Nuestra Señora en Fátima. Se podría pensar que solo esta acción del Santo Padre puede traer paz al mundo y, como resultado, no se esperaría nada adicional de los fieles. Sin embargo, en Fátima, Nuestra Señora dijo que tanto la consagración colegial como los *Primeros Sábados* son el camino hacia la paz en el mundo. El crecimiento en la práctica de la devoción de los *Primeros Sábados* será de gran ayuda para obtener las gracias necesarias para proclamar el dogma de la Maternidad Espiritual de Nuestra Señora. Una vez que el dogma sea proclamado, se promoverá mucho más la devoción a Nuestra Señora, lo que aumentará aún más la práctica de los *Primeros Sábados*.

En definitiva, la paz del Evangelio solo se obtiene de la santificación de los fieles. La paz de la que habla Nuestra Señora sólo es posible si un número significativo de personas están en estado de gracia y creciendo en santidad. La devoción de los *Primeros Sábados* puede ayudar a muchos a lograr este estado de gracia y crecimiento en santidad. Una forma en que los *Primeros Sábados* logra esto es ayudando a eliminar los obstáculos de las injusticias en contra de Nuestra Señora que se interponen en el camino de las gracias que ella desea distribuir.

Se han enviado muchas peticiones al Santo Padre solicitando que defina el dogma de Nuestra Señora como nuestra Madre Espiritual por su papel como Corredentora, Abogada y Mediadora de todas las gracias. Es cierto que tal enseñanza proporciona otro fundamento doctrinal y aliento para nuestra devoción a Nuestra Santísima Madre. La devoción debe estar enraizada en la verdad, no en el sentimentalismo o en la emoción. Por lo tanto, el nuevo dogma podría proporcionar una *condición* importante para llevar la paz al mundo y la salvación de las almas. También podría servir como *signo* de que la paz es inminente.

Sin embargo, la *causa* inmediata de la paz en el mundo, nuevamente, radica en la santificación del Pueblo de Dios, creciendo en Fe, Esperanza y Amor; esta es la tarea de los *Primeros Sábados* encomendados por Jesús y Su Madre. Al final, la recepción fructífera de Jesús en la Sagrada Eucaristía, obtenida por mediación del Inmaculado Corazón de María, transformará al mundo. Porque la Eucaristía es «fuente y cumbre de toda la vida cristiana» (*Lumen Gentium*, n. 11). La buena disposición para recibir la Sagrada Eucaristía es la práctica más importante de los *Primeros Sábados*.

Pero esto no es todo. Nuestra Señora ha sido muy ofendida por nuestros pecados, incluyendo nuestros pecados contra su Maternidad Espiritual. Esto requiere reparación a su Inmaculado Corazón. Es un asunto de justicia y misericordia. Debemos al menos tratar de compensar a Nuestra Señora y su Hijo por estos pecados lo mejor que podamos con la ayuda de la gracia. La recepción amorosa de la Sagrada Eucaristía es la forma de reparación más grande que podemos hacer al Inmaculado Corazón de María. Especialmente en *Los Primeros Sábados Comunitarios*™, las otras prácticas de los *Primeros Sábados* preparan el camino para esta recepción de la Sagrada Eucaristía y proporcionan en la meditación un «eco prolongado». Recordemos que la devoción de los *Primeros Sábados*, particularmente *Los Primeros Sábados Comunitarios*™, busca enriquecer cada día de nuestras vidas con un modelo de vida espiritual para todos los días del mes.

20 de junio de 1939, la carta se refiere a los *Primeros Sábados* y al folleto sobre los cinco *Primeros Sábados*. La Hermana Lucía también dijo:

> Nuestra Señora prometió contener el flagelo de la Guerra si esta devoción se difundía y practicaba. La veremos evitando este castigo en la medida en que la

gente se tome el tiempo de difundir la devoción, aunque me temo que no estamos haciendo tanto como podríamos y Dios, no muy contento, podría levantar Su brazo de Misericordia y dejar que el el mundo sea destruido por este castigo, que como nunca antes será, horrible, horrible. (*Documents of Fatima and the Memoirs of Sister Lucia*, Martins y Fox, 2002, p. 368)

Comentario

Si bien la guerra —ya con disparos— era inminente cuando se escribió la carta anterior, lo que se dice ahí también puede aplicarse a otros males en el mundo. La pregunta podría ser, ¿cuántos *Primeros Sábados* deben hacerse para frenar la guerra? La respuesta dada es que Nuestra Señora evita el «castigo en la medida en que la gente se tome el tiempo para difundir la devoción», es decir, los *Primeros Sábados*. La Hermana Lucía se refiere a la difusión de los *Primeros Sábados*. Sin duda, podemos entender que la difusión también implica que más personas hagan la devoción. A la Hermana Lucía le preocupa que «no estamos haciendo» lo suficiente para difundir la devoción. Es muy importante darse cuenta de que la devoción de los *Primeros Sábados* es la única práctica en el mensaje de Fátima que Nuestro Señor y Su Madre pidieron que se difundiera. Difundir los *Primeros Sábados* es parte del mensaje de Fátima. Si no estamos difundiendo los *Primeros Sábados*, no estamos practicando plenamente el mensaje de Fátima.

31 de julio de 1939, la carta se refiere a los *Primeros Sábados* y a la impresión de folletos sobre los *Primeros Sábados*. La Hermana Lucía recibió una copia del folleto inédito del Obispo. El Obispo estaba enfermo pero esperaba difundir la devoción de los *Primeros Sábados*.

En cualquier caso, la pregunta que dice «¿cuántos *Primeros Sábados* deben hacerse para frenar la guerra?» puede estar relacionada con la respuesta a la pregunta, ¿cuántos *Primeros Sábados* deben hacerse para lograr la paz en el mundo? Podemos decir que el estado de tranquilidad del mundo parece ser proporcional al esfuerzo por difundir los *Primeros Sábados*. Debemos decir que es Dios, y no nosotros aquí en la tierra, quien conoce el número de fieles que se necesitan para difundir y practicar la devoción de los *Primeros*

Sábados y así ayudar a traer paz al mundo. Sería seguro decir que habrá verdadera paz cuando se cumpla un número suficiente de *Primeros Sábados* con la intención de hacer reparación por los pecados del mundo. No obstante, sabemos que si no estamos practicando ni difundiendo los *Primeros Sábados*, no estamos poniendo en práctica plenamente el mensaje de Fátima.

3 de diciembre de 1939, la carta se refiere a los *Primeros Sábados*. La Hermana Lucía no quiso que se usara su nombre. En la carta, ella escribió sobre la publicación por parte del Obispo de la devoción de los cinco *Primeros Sábados* (el 13 de septiembre de 1939, el obispo de Fátima aprobó la devoción de los Cinco *Primeros Sábados*, emitiendo un folleto sobre la devoción con *imprimatur*). Pese a que el Obispo tituló el folleto con el nombre de «Cinco *Primeros Sábados*», Jesús y María nunca se refirieron a la devoción con ese título. Aunque no haya nada malo con el título, algunos podrían pensar que solo se necesita practicar los *Primeros Sábados* cinco veces consecutivas. Además, la primera promesa de Nuestra Señora sobre la salvación de las almas y un periodo de paz en el mundo requiere que la devoción se practique continuamente. Lucía también entendió que la petición de Nuestra Señora sobre la meditación de los Misterios del Rosario en compañía de Nuestra Señora debía cumplirse por separado al rezo del Rosario con cuentas. Debe tenerse en cuenta que esta meditación es adicional a la meditación que se hace durante el rezo del Rosario.

El **19 de marzo de 1940**, la Hermana Lucía escribió:

> En otro comunicado de marzo de 1939, Nuestro Señor me dijo una vez más: «Pide, pide de nuevo con insistencia la publicación de la Comunión reparadora en honor al Inmaculado Corazón de María en los *Primeros Sábados*. Se acerca el momento en que el rigor de mi justicia castigará los crímenes de diversas naciones. Algunas serán aniquiladas. Al final, la severidad de mi justicia caerá severamente sobre aquellos que quieran destruir mi reino en las almas». *Memorias e Cartas da Irma Lucia*, Antonio Maria Martins, S.J., p. 465). (Traducido del inglés).

2 de diciembre de 1940, carta al Papa Pío XII. La Hermana Lucía explicó los *Primeros Sábados* y pidió al Papa que bendijera y extendiera la devoción por todo el mundo. Además, la Hermana Lucía pidió al Papa que, junto con los Obispos del mundo, consagrara el mundo con una mención especial de Rusia al Inmaculado Corazón de María.

Comentario

Aquí comenzamos a ver la diferencia entre consagrar solo a Rusia y consagrar al mundo entero, que había estado y todavía está expuesto a los errores comunistas. Rusia continuó difundiendo estos errores hasta que Gorbachov llegó a liderar la Unión Soviética, incluida Rusia, en 1985. La consagración colegial ya estaba surtiendo efecto a través de instrumentos humanos. El colapso total del comunismo en la Unión Soviética ocurrió en 1991.

Nuestro Señor también se había aparecido a una gran devota de Fátima en 1935, la Beata Alejandrina, y le pidió que suplicara por la consagración del mundo al Inmaculado Corazón de María. No se hizo mención específica de la consagración de Rusia.

Además, la Hermana Lucía pidió al Papa Pío XII que hiciera la consagración colegial del mundo y que aprobara y recomendara los *Primeros Sábados*. Se podría interpretar que la Hermana Lucía pretendía recomendar los *Primeros Sábados* después de que la persecución hubiera cesado en Rusia (cf. 29 de mayo de 1930).

El **2 de marzo de 1945,** La Hermana Lucía estaba encantada con el progreso de los *Primeros Sábados* «por todas partes». Además, la Hermana Lucía dijo que los *Primeros Sábados* «*is going to be what will save us at the present time*» [será lo que nos salve en el tiempo presente] *(Documents of Fatima and the Memoirs of Sister Lucia,* Martins y Fox, 2002, p. 456).

Comentario

Podríamos decir que en algún momento de la historia los *Primeros Sábados* se hicieron más conocidos en todo el mundo pero, desde entonces, se ha convertido más en un recuerdo que se desvanece y parece no ser considerado tan significativo para muchos fieles. Incluso cuando la devoción de los *Primeros Sábados* era más apreciada, hay muy poca o nula evidencia de que se hiciera como lo pidió Nuestra Señora, exceptuando posiblemente un número muy reducido de personas. Sin embargo, hay muchas señales de que ahora se está produciendo un renacimiento de los *Primeros Sábados*.

Además, la Hermana Lucía consideró que en ese momento (1945), la devoción de los *Primeros Sábados* iba a ser eficaz para salvarnos. La guerra terminó poco después de que ella escribiera la carta. La victoria en Europa tuvo lugar el 8 de mayo de 1945 y la victoria en Japón, el 15 de agosto de 1945. Ambas victorias ocurrieron en fechas de fiestas de Nuestra Señora. Más aún, la devoción de los *Primeros Sábados* seguramente nos ayudará a salvarnos en el futuro. Además, *Los Primeros Sábados Comunitarios*™ permitirá que sea más sencillo para cada individuo y para un mayor número de personas cumplir con la petición de los *Primeros Sábados*, dando testimonio visible de lo que Nuestro Señor ha hecho a través de Su Madre. A menos que los *Primeros Sábados* sean practicados públicamente en las parroquias, no habrá evidencia de que ha triunfado el Inmaculado Corazón de Nuestra Señora. El no dar a Nuestra Madre el crédito de lo que ella ha obtenido para nosotros es una injusticia contra ella, y por lo tanto, un pecado aún mayor para reparar antes de que pueda haber paz. Así, Nuestro Señor no concederá esa paz a menos que Nuestra Señora reciba el crédito por ella.

Resumen de las prácticas del Mensaje de Fátima

- *Arrepentimiento («Penitencia, Penitencia, Penitencia»). (cf. penitencia, CEC, 1430-1439)*

- *Ofrecer con amor oraciones (incluidos el Rosario diario y las oraciones de Fátima) y sacrificios (incluyéndonos a nosotros mismos, nuestros deberes diarios y nuestros sufrimientos) suplicando por la conversión de los pecadores y en reparación al Sagrado Corazón de Jesús y al Inmaculado Corazón de María.*

- *Devoción al **Inmaculado Corazón de María** y, a través de ella, al **Sagrado Corazón de Jesús**.*

    o *Hacer una **consagración** al Inmaculado Corazón de María y llevar el Escapulario de la Virgen del Carmen como signo de esta consagración.*

    o *Hacer **reparación** diariamente al Inmaculado Corazón de María y a través de la devoción de los Primeros Sábados.*

    o ***Imitar** las virtudes del Inmaculado Corazón de María.*

    o ***Difundir** la devoción de los Primeros Sábados.*

Condiciones de los Primeros Sábados

Para cumplir con el deseo de Nuestra Señora de hacer los *Primeros Sábados* en cinco *Primeros Sábados* consecutivos e incluso más, las siguientes 4 prácticas separadas deben completarse en cada Primer Sábado, cada una **con la intención de hacer reparación al Inmaculado Corazón de María**:

1. Confesarse (Sacramento de la Penitencia o Reconciliación) * con la intención de hacer reparación al Inmaculado Corazón de María (20 días antes o después).

2. Recibir la Sagrada Comunión con la intención de hacer reparación al Inmaculado Corazón de María.

3. Rezar el Rosario (5 misterios) con la intención de hacer reparación al Inmaculado Corazón de María.

4. Hacerle compañía a Nuestra Señora durante un cuarto de hora (15 minutos) mientras se medita en los Misterios del Rosario con la intención de hacer reparación al Inmaculado Corazón de María.

*Uno se puede confesar en cualquier momento siempre que haya una Confesión para cada Primer Sábado, y como dijo Jesús, «con tal que, cuando me reciban, estén en gracia y tengan la intención de desagraviar al Inmaculado Corazón de María».

Los Primeros Sábados Comunitarios™

Hemos visto que en junio y julio de 1917 Nuestra Señora dijo que Dios quiere establecer en el mundo la devoción al Inmaculado Corazón de María. «Establecer» significa que la devoción debe ser visible, pública, ampliamente conocida, y permanente, lo cual implica que se practique de manera regular.

Nuestra Señora hizo dos peticiones especiales para practicar la devoción al Inmaculado Corazón de María; una fue la consagración de la Rusia Soviética, y otra, fue la devoción de los *Primeros Sábados*. La consagración debía realizarse un día en específico, así que no es permanente en cuanto a que no es una práctica que se realice regularmente. Recordemos que, de las dos peticiones, los *Primeros Sábados* ha sido la que más se ha enfatizado. Los *Primeros Sábados* se pueden establecer en el mundo como una práctica visible y permanente en las parroquias con la aprobación de la Iglesia.

Existen muchas formas de practicar la devoción de los *Primeros Sábados* públicamente. Una de ellas es la forma no estandarizada (o genérica) de los *Primeros Sábados* que se realiza comunitariamente en la parroquia. Otra forma de practicarla es por medio de *Los Primeros Sábados Comunitarios*™, que tiene un formato estandarizado y es canónica y litúrgicamente aprobada por la Iglesia; además, utiliza el libro *Devocionario de Los Primeros Sábados Comunitarios*. Con la marca registrada que aparece después de *Los Primeros Sábados Comunitarios*™, se puede distinguir la diferencia entre ambas formas de practicar los *Primeros Sábados*. Solo las parroquias que utilizan el libro devocionario antes mencionado conforme a *Los Primeros Sábados Comunitarios*™, pueden utilizar el título *Los Primeros Sábados Comunitarios*™ para refererise a la devoción en su parroquia, centro o comunidad.

La devoción no estandarizada de los *Primeros Sábados* en la parroquia de forma comunitaria tiende a estar incompleta; sin embargo, hay excepciones. Aún así, la mayoría de las parroquias dejan de lado una o varias prácticas de los *Primeros Sábados* y generalmente les falta la intención de la devoción, que es hacer reparación al Inmaculado Corazón de María para cada una de las condiciones. Por ejemplo, una parroquia puede dar un aviso para hacer la devoción como «*Primeros Sábados*» y que solo haya Misa y Rosario; otra parroquia a lo mejor ofrece únicamente una Hora Santa en los *Primeros Sábados* y la difunde como Devoción de los *Primeros Sábados*; otra, puede hacer las cuatro prácticas pero nunca mencionar la intención de hacer reparación al Inmaculado Corazón de María; y otra, podría difundir la devoción de las 1000 Aves Marías en un Primer Sábado pero no incluir todas las prácticas que Nuestro Señor y Nuestra Señora pidieron que se hicieran cada Primer Sábado.

La devoción de *Los Primeros Sábados Comunitarios*™ única, estandarizada, canónica y litúrgicamente aprobada resuelve los problemas descritos anteriormente. Lo único que los fieles tienen que hacer es ir al templo en donde están *Los Primeros Sábados Comunitarios*™ y seguir la guía del libro Devocionario de *Los Primeros Sábados Comunitarios*. El texto tiene aprobación canónica y litúrgica para uso público en la parroquia. El uso de este libro es esencial y necesario para *Los Primeros Sábados Comunitarios*™. *Los Primeros Sábados Comunitarios*™ tiene aprobación eclesial en razón del libro y su uso en las parroquias. Por lo tanto, el libro tiene un valor inestimable.

Además, la adherencia a este devocionario autorizado en las parroquias proveerá una unidad formidable entre estas para resistir el mal que prevalece hasta hoy. Los exorcistas afirman que al maligno le aterra especialmente aquellos que tienen autorización eclesial. El uso del devocionario beneficiará a aquellos que estén de viaje, pues así podrán cumplir con los *Primeros Sábados* sin contratiempos.

La intención de hacer reparación al Inmaculado Corazón de María para cada práctica es mencionada a lo largo de la celebración comunitaria. La *manera* en que las prácticas están ordenadas en *Los Primeros Sábados Comunitarios*™ permite que los fieles tengan una mayor disposición para recibir la Sagrada Eucaristía. Santo Tomás de Aquino destacó que mientras más dispuestos estemos, más gracias podremos recibir. Con *Los Primeros Sábados Comunitarios*™ tenemos la oportunidad de recibir más gracias al recibir la Sagrada Eucaristía. La reparación al Inmaculado Corazón de María que se lleva a cabo por medio de las prácticas de la devoción, ayuda a remover los pecados que bloquean el camino a la Sagrada Eucaristía. Esta reparación es clave para que fluyan las gracias para la Iglesia y el mundo para transformarlo a través de la Sagrada Eucaristía. En otras palabras, como resultado de esta reparación, Nuestra Señora nos prepara y nos lleva hacia a Jesús en la Eucaristía para que estemos mejor dispuestos a recibir sus abundantes gracias. Este es el motivo por el cual Satanás se encoleriza en contra del Inmaculado Corazón de María.

El Apostolado de Los Primeros Sábados Comunitarios recomienda ampliamente que, de ser posible, el sacramento de la Confesión esté disponible antes de la Misa del Primer Sábado, ya que así, esta práctica funge como un recordatorio visible de que uno debe ir a confesarse para cumplir debidamente con la petición de Nuestra Señora. Para cumplir con los *Primeros Sábados*, debe haber una confesión con la intención de hacer reparación al Inmaculado Corazón de María por cada Primer Sábado. Sin embargo, mientras uno esté en estado de gracia, esta Confesión puede realizarse cualquier otro día.

El *Devocionario de Los Primeros Sábados Comunitarios* en libro o app incluye contenido de gran importancia en la sección de Confesión Individual tanto para el examen de conciencia como para previo a la Confesión y antes de que inicie la devoción comunitaria. El contenido en esta sección también puede utilizarse para otras ocasiones.

Las oraciones iniciales de *Los Primeros Sábados Comunitarios*™ realzan la reparación que se hará. Se recitan, por ejemplo, las oraciones que aprendieron los niños. Estas oraciones que los pastorcitos repitieron en muchas ocasiones fueron instrumento para ellos para convertirse en santos. Estas oraciones pueden hacer una gran diferencia en nuestras vidas también. Además, las primeras dos oraciones ayudaron a los niños a estar debidamente dispuestos a recibir la Comunión de Reparación en la tercera visita del Angel. De la misma manera, estas oraciones junto con el Rosario, nos ayudan a estar mejor dispuestos para recibir a Jesús en la Comunión de Reparación.

El Rosario distintivo de *Los Primeros Sábados Comunitarios*™ antes de la Misa cumple con una de las cuatro prácticas esenciales de los *Primeros Sábados* en reparación al Inmaculado Corazón de María.

Cualquier descuido a nuestra Madre espiritual es un obstáculo para las gracias que Jesús desea darnos en la Sagrada Eucaristía. La reparación con el Rosario ayuda a los fieles a remover estos obstáculos.

Este no es un Rosario ordinario, pues en Fátima, Nuestra Señora unió la devoción del Rosario a la devoción del Inmaculado Corazón de María. En este rosario se contempla cómo el Corazón de María, especialmente su Amor, nos lleva en cada Misterio al Corazón de Jesús. El resultado es una poderosa combinación de estas devociones, ya que arma a los fieles con un Rosario doblemente poderoso que es como una espada con dos filos que ayuda a derrotar el reino de Satanás. Pero eso no es todo. Para complementar este Rosario, se agrega al inicio de cada misterio un pasaje de la Sagrada Escritura, y al finalizarlo, se añade un fruto espiritual tal y como lo recomendó San Juan Pablo II. Este fruto o virtud está unido al final de la jaculatoria que Nuestra Señora pidió que recitemos al terminar cada decena del Rosario. Así estamos mejor preparados y con las mejores armas para la guerra espiritual.

Tengamos en cuenta que San Pablo VI dijo: El Rosario puede constituir «una óptima preparación» para la Liturgia y «convertirse después en eco prolongado» (*Marialis Cultus*). Consideremos primero el Rosario como una preparación. Si estamos en estado de gracia, el Rosario también nos dispone a unirnos al ofrecimiento del Sacrificio de la Misa y a recibir la Sagrada Comunión. La cantidad de gracia que recibimos de Jesús en la Sagrada Comunión depende de qué tan dispuestos estemos; el Rosario también nos ayuda a estar más dispuestos. Por lo tanto, el Rosario puede cumplir su principal objetivo como devoción preparándonos para recibir a Jesús en la Sagrada Eucaristía.

Con base en lo anterior, queda de manifiesto que después de la recitación del Rosario sigue la Misa. Después de unirnos con el sacerdote en la ofrenda del Sacrificio de Jesús al Padre, podemos ofrecerle a Dios una Comunión de Reparación por los pecados en contra de su Inmaculado Corazón. Esta reparación nos ayuda a remover los obstáculos que impiden el flujo de la gracia de Jesús por María y de María a la Iglesia para el mundo. Es importante recordar que cualquier reparación al Corazón de María es, sobre todo, reparación al Sagrado Corazón de Jesús, Quien nos ha dado el Corazón de Su Madre.

Consideremos ahora cómo en *Los Primeros Sábados Comunitarios*™, inmediatamente después de la Misa, acompañamos a Nuestra Madre durante 15 minutos en una meditación solicitada por ella, para hacer reparación a su Inmaculado Corazón. En el *Catecismo de la Iglesia Católica*, en la sección de meditación, son mencionadas únicamente dos formas de meditación: la *lectio divina* y el Rosario (2708). Por consiguiente, para cumplir con la petición de Nuestra Señora, la acompañamos durante 15 minutos meditando en los Misterios del Rosario utilizando la antigua forma de meditación, *lectio divina*. La *lectio divina* nos permite meditar en los pasajes de la Escritura de los cuales se derivan los Misterios del Rosario. San Jerónimo dijo que «La ignorancia de la Escritura es la ignorancia de Cristo». Así pues, podemos decir que ignorancia de la Escritura es ignorancia de los misterios del Rosario. Esta es una de las razones por las que San Juan Pablo II promovió el uso de la Escritura mientras los fieles rezan el Rosario.

Podemos estar seguros que el uso de la *lectio divina* en la meditación nos ayudará a fortalecer nuestra recitación del Rosario en la forma ordinaria. Además, mientras la Sagrada Eucaristía sigue estando dentro de nosotros, la meditación de la Escritura puede ayudarnos a recibir el continuo flujo de la gracia del Cordero de Dios en mayor medida.

Tal como hemos comentado anteriormente, Jesús está presente en nosotros por un periodo de tiempo después de que recibimos la Sagrada Eucaristía. La Meditación adicional y separada se hace después de la Misa para ayudar a los fieles a beneficiarse de la presencia de Jesús en su interior. Las gracias no solo se otorgan a quienes están dispuestos al momento de recibir la Sagrada Comunión, sino que también continúan fluyendo dentro del alma mientras uno está atento a la Presencia Real de Jesús en su interior. De nuevo, durante este tiempo, la Meditación característica se hace usando la Escritura en forma de *lectio divina*. Hay una meditación diferente para cada mes que se armoniza con el ciclo litúrgico.

El Rosario previo a la Misa y la Meditación después de la Misa en compañía de Nuestra Madre, también tiene otro significado especial. Como católicos creemos que Jesús eligió enclaustrarse en el seno de la Inmaculada Virgen María por Su Encarnación. San Agustín dijo que, en la Anunciación, Jesús primero se enclaustró en el Inmaculado Corazón de María. *Los Primeros Sábados Comunitarios*™, enclaustra espiritualmente el Corazón Eucarístico de Jesús en el Inmaculado Corazón de María de una manera que normalmente no se ve en otras celebraciones comunitarias de los *Primeros Sábados*. Por decirlo de alguna manera, *Los Primeros Sábados Comunitarios*™ enclaustra a Jesús, por medio del Rosario aprobado del Inmaculado Corazón de María antes de Misa y por medio de la Meditación aprobada en reparación al Inmaculado Corazón de María después de Misa. Pero, sobre todo, este enclaustramiento de Jesús se obtiene recibiéndolo a Él en la Sagrada Comunión de reparación al Inmaculado Corazón de María. De esta manera, se le da una reverencia mucho mayor a Nuestro Señor. Nuestra Señora también es honrada antes, durante y después de que recibimos a Jesús en la Sagrada Comunión. De hecho, se puede decir que Nuestra Señora está espiritualmente presente dentro de nosotros cuando recibimos a Jesús en la Sagrada Eucaristía. Así, Jesús está en donde más le agrada: en el Corazón sin pecado de Su Madre, es decir, un Corazón Inmaculado que está presente intercediendo por nosotros. Démosle a Jesús un lugar así.

Los Primeros Sábados Comunitarios™ también ofrece sus distintivas devociones recomendadas, que son la recepción del Escapulario del Carmen y la recepción de la Imagen de la Virgen Peregrina. A través de la *Visitación de la Imagen de la Virgen Peregrina de la Iglesia al Hogar, Los Primeros Sábados Comunitarios*™ puede unir la Sagrada Eucaristía en la iglesia con la iglesia doméstica en el hogar. Durante la visitación, la Misión de Nuestra Madre es establecer el reino de Nuestro Señor Jesús en el hogar por medio de la entronización al Sagrado Corazón de Jesús, y después de la visita de una semana, llevar de regreso a los fieles a su Hijo en la Sagrada Eucaristía.

Se podría decir que *Los Primeros Sábados Comunitarios*™ es una especie de microcosmos de todo el mensaje de Fátima, centrado en el Cordero de Dios, a Quien vamos a través del Inmaculado Corazón de María. Es como un pequeño retiro y una escuela de santidad que puede cambiar la vida.

Los *Primeros Sábados* es una devoción que debemos seguir haciendo a fin de obtener una paz que solo se dará cuando todas las naciones hayan abrazado la Fe Católica y hayan formado una cultura Católica. Para mantener ese periodo de paz y la salvación de muchas más almas, debemos continuar con la práctica de la devoción de los *Primeros Sábados* en reparación al Inmaculado Corazón de María. Esta reparación allana el camino para la paz y el reinado espiritual del Cordero de Dios en el corazón de las personas. Nuestra Señora debe continuar siendo honrada para obtener y mantener tal triunfo tan grande.

Pero, ¿quién sabría esto si solo hacemos los *Primeros Sábados* de forma privada? Para cumplir con el deseo de Jesús de establecer la devoción al Inmaculado Corazón de María en el mundo, se requiere de una segunda petición especial, y esta es que los *Primeros Sábados* se establezcan permanente y públicamente en todo el mundo. La primera petición especial, que es la consagración colegial, se cumplió en un día. Tampoco requirió la participación de todos los fieles.

La oración pública y comunitaria es especialmente eficaz. La práctica pública y comunitaria de los *Primeros Sábados*, sobre todo con *Los Primeros Sábados Comunitarios*™ sin lugar a dudas, dará testimonio en las parroquias de todo el mundo de que el triunfo se ha logrado a través del Inmaculado Corazón de María. Qué alegría será para cada uno de nosotros el haber participado de este triunfo haciendo y difundiendo esta devoción. Recordemos que los *Primeros Sábados* es la única devoción que Jesús y Su Madre han pedido que se difunda.

Nuestra Señora prometió un periodo de paz en el mundo y la salvación de muchas almas si cumplimos las dos peticiones especiales. Nuestro compromiso es el cumplimiento de la segunda petición especial, que es los *Primeros Sábados*. La condición de Nuestra Señora para alcanzar la paz no implica que su victoria pueda o no pueda ocurrir. La victoria ya está asegurada.

Las tribulaciones de esta época terminarán cuando el Inmaculado Corazón de María triunfe. Nuestra Señora dijo, «al final mi Inmaculado Corazón triunfará». Esto significa que esta segunda petición especial, los *Primeros Sábados*, se cumplirá. Es cuestión de elegir si queremos ser parte o no del triunfo de Nuestra Señora. ¿Entonces por qué tantos católicos le dan preferencia a otros remedios en lugar de los *Primeros Sábados*?

La victoria se puede confirmar en la Escritura (cf. Ap. 11, 15, 20, 1-3). Al final de este periodo actual de castigo, comenzará un nuevo periodo en la historia. Este nuevo periodo requiere que nosotros continuemos practicando y difundiendo los *Primeros Sábados*. Pero, si optamos por difundir los *Primeros Sábados* a nuestra manera y de forma aislada, podemos ser vulnerables a los ataques del maligno. Satanás busca dividir porque «una ciudad o una familia dividida no puede subsistir» (Mt. 12, 25). Pero si nos unimos podemos ser más fuertes y resistir los ataques. Unámonos en la difusión de *Los Primeros Sábados Comunitarios*™ mientras aceleramos la victoria inevitable del Inmaculado Corazón de María y, a través de ella, la victoria del Sagrado Corazón de Jesús, Cordero de Dios y Rey de reyes.

Para obtener y sostener esa paz, sabemos que el cumplimiento de los *Primeros Sábados* es esencial para la reparación necesaria del Inmaculado Corazón de María. Esta reparación despejará el camino para obtener la paz y el reino espiritual del Cordero de Dios en los corazones de las personas. Nuestra Señora debe ser honrada para lograr un triunfo tan grande.

Programa modelo de Los Primeros Sábados Comunitarios™

Cada uno de los siguientes actos de piedad se ofrece en reparación al Inmaculado Corazón de María.

-1:00 Confesiones individuales (sacramento de la Penitencia o Reconciliación).

-0:40 Inicio de la devoción comunitaria con las intenciones y las oraciones iniciales.

-0:30 Rezo del **Rosario**.

0:00   **Santo Sacrificio de la Misa** con la **Comunión de Reparación.**

0:30   **Meditación de la Sagrada Escritura** en los misterioso del Rosario mientras se hace compañía a Nuestra Señora (en una forma comunitaria de *lectio divina*).

0:50   Letanías y oraciones por el Santo Padre.

0:55   Recepción de la Imagen de la Virgen Peregrina en la Iglesia *(recomendado)*.

1:00 Recepción del Escapulario de la Virgen del Carmen *(recomendado)*.

El 0:00 representa la hora de inicio de la Santa Misa en la parroquia o comunidad. Las intenciones y oraciones comienzan 40 minutos antes de la Misa; el rosario se reza 30 minutos antes; y la meditación (*lectio divina*) de la Escritura inicia justo después de que termina la Misa. De ser posible, las confesiones individuales empezarían una hora o más antes de la Santa Misa. La meditación de la Escritura con *lectio divina* comienza después de que finaliza la Santa Misa (serían alrededor de 30 minutos después de que inició la Santa Misa, considerando que la misa dure ese tiempo aproximadamente). Se termina con las Letanías de la Santísima Virgen María y las oraciones por el Santo Padre.

Las devociones recomendadas, tales como *La Visitación de la Imagen de la Virgen Peregrina de la Iglesia al Hogar*, se pueden realizar al finalizar las Letanías y oraciones por el Santo Padre; es decir, aproximadamente 55 minutos después del inicio de la misa. Si se realizan ambas devociones, primero se haría la recepción de la Imagen de la Virgen Peregrina (IVP), y luego se haría la recepción de los escapularios. Si se realiza únicamente una de las dos, *Los Primeros Sábados Comunitarios*™ culminaría ya sea con la recepción de la IVP o con la recepción de escapularios. En caso de no realizarse ninguna devoción recomendada, *Los Primeros Sábados Comunitarios*™ culminaría con las Letanías y las oraciones por el Santo Padre. De ser posible, las Confesiones individuales comenzarían al menos una hora antes de la Santa Misa; en cualquier caso, es importante que el fiel revise los horarios de confesión vigentes de la parroquia. La duración de cada actividad es aproximada.

Además, es importante tener en cuenta que, para cumplir plenamente el Mensaje de Fátima, necesitamos difundir los *Primeros Sábados*. En el sitio web www.PrimerosSabados.org hay más información sobre *Los Primeros Sábados Comunitarios*™ y se podrá encontrar el material necesario para poder difundir esta devoción. Este material incluye el *Devocionario de Los Primeros Sábados Comunitarios*. Estos libros devocionarios pueden ser prestados en los *Primeros Sábados*. La utilización del libro es un signo visible de que estamos unidos en todo el mundo en contra del maligno. Para obtener más información sobre cómo iniciar *Los Primeros Sábados Comunitarios*™ en la parroquia, favor de comunicarse con nosotros a info@PrimerosSabados.org.

Apéndice
Oraciones de Fátima y Cómo Rezar el Rosario

Oraciones de Fátima

Dios mío, yo creo, adoro, espero y te amo; te pido perdón por los que no creen, no adoran, no esperan y no te aman.

Santísima Trinidad, Padre, Hijo y Espíritu Santo, te adoro profundamente y te ofrezco el Preciosísimo Cuerpo, Sangre, Alma y Divinidad de Nuestro Señor Jesucristo, presente en todos los tabernáculos del mundo, en reparación por los ultrajes, sacrilegios e indiferencia con los que Él es ofendido. Por los méritos infinitos del Sagrado Corazón de Jesús y del Inmaculado Corazón de María, te pido la conversión de los pobres pecadores.

Oh Santísima Trinidad, yo te adoro. Dios mío, Dios mío, te amo en el Santísimo Sacramento.

Oh Jesús, esto es por amor a Ti, por la conversión de los pecadores, por el Santo Padre y en reparación por los pecados cometidos contra el Inmaculado Corazón de María. *(Jacinta agregó «el Santo Padre»).*

Oh Jesús mío, perdona nuestros pecados, líbranos del fuego del infierno; lleva al Cielo a todas las almas, especialmente a las más necesitadas de tu misericordia.

¡Dulce Corazón de María, sé mi salvación!

Las primeras dos oraciones fueron enseñadas por el Ángel de la Paz a los niños de Fátima (Lucía, Francisco, y Jacinta). La tercera oración fue inspirada en los niños por un impulso interior del Espíritu Santo, y las dos siguientes fueron enseñadas por Nuestra Señora del Rosario. Nuestra Señora pidió que se dijera la quinta oración al final de cada decena del Rosario. Aquí conservamos la forma popular. Jacinta fue inspirada para decir la última oración, «Dulce Corazón de María...»

Cómo Rezar el Rosario

Esta sección llamada «Cómo rezar el Rosario» es para ayudar a quienes que no están familiarizados con el rezo del Rosario. Uno de los elementos del Rosario es la contemplación de los Misterios «en comunión con María» (cf. San Pablo VI, Marialis Cultus, n. 49).

El Rosario normalmente se dice de la siguiente manera.

Empiece haciendo la Señal de la Cruz.

En el nombre del Padre, y del Hijo, y del Espíritu Santo.

Usando las cuentas de rosario, rece el Credo de los Apóstoles sosteniendo el Crucifijo:

Creo en Dios, Padre todopoderoso, Creador del cielo y de la tierra. Creo en Jesucristo, su único Hijo, Nuestro Señor, que fue concebido por obra y gracia del Espíritu Santo, nació de Santa María Virgen, padeció bajo el poder de Poncio Pilato, fue crucificado, muerto y sepultado, descendió a los infiernos, al tercer día resucitó de entre los muertos, subió a los cielos y está sentado a la derecha de Dios Padre todopoderoso. Desde ha de venir a juzgar a vivos y muertos. Creo en el Espíritu Santo, la santa Iglesia católica, la comunión de los santos, el perdón de los pecados, la resurrección de la carne y la vida eterna. Amén.

En la cuenta más cercana al Crucifijo, rezar el Padre Nuestro (la Oración de Nuestro Señor):

Padre Nuestro, que estás en el cielo, santificado sea tu Nombre; venga tu reino; hágase tu voluntad en la tierra como en el cielo. Danos hoy nuestro pan de cada día; perdona nuestras ofensas como también nosotros perdonamos a los que nos ofenden; no nos dejes caer en la tentación, y líbranos del mal. Amén.

En las siguientes tres cuentas, rezar el Ave María tres veces:

Dios te salve, María, llena eres de gracia, el Señor es contigo. Bendita tú eres entre todas las mujeres y bendito es el fruto de tu vientre,

Fátima y los Primeros Sábados

Jesús. Santa María, Madre de Dios, ruega por nosotros pecadores, ahora y en la hora de nuestra muerte. Amén.

Después rezar el Gloria:

Gloria al Padre y al Hijo y al Espíritu Santo, como era en el principio ahora y siempre, por los siglos de los siglos. Amén.

Los misterios del rosario que se van a rezar pueden elegirse de acuerdo con el día de la semana. Normalmente, los Misterios se eligen de la siguiente manera:

- *Los Misterios Gozosos los lunes y sábados.*
- *Los Misterios Luminosos los jueves.*
- *Los Misterios Dolorosos los martes y viernes.*
- *Los Misterios Gloriosos los miércoles y domingos.*

Mencione el misterio antes de cada decena del rosario. San Juan Pablo II recomienda recordar uno o dos versículos bíblicos relacionados antes de cada decena (Rosarium Virginis Mariae).

Los Misterios Gozosos

El Primer Misterio Gozoso: La Anunciación del Señor

El Segundo Misterio Gozoso: La Visitación de María a Isabel

El Tercer Misterio Gozoso: El Nacimiento de Jesús

El Cuarto Misterio Gozoso: La Presentación del Niño Jesús en el Templo

El Quinto Misterio Gozoso: El Niño Jesús Hallado en el Templo

Los Misterios Luminosos

El Primer Misterio Luminoso: El Bautismo de Nuestro Señor

El Segundo Misterio Luminoso: Las Bodas de Caná

El Tercer Misterio Luminoso: la Proclamación del Evangelio

El Cuarto Misterio Luminoso: la Transfiguración de Jesucristo

El Quinto Misterio Luminoso: la Institución de la Sagrada Eucaristía

Los Misterios Dolorosos

El Primer Misterio Doloroso: la Agonía de Jesús en el Huerto

El Segundo Misterio Doloroso: La Flagelación de Jesús atado a la Columna

El Tercer Misterio Doloroso: La Coronación de Jesús con Espinas

El Cuarto Misterio Doloroso: Jesús Carga la Cruz

El Quinto Misterio Doloroso: La Crucifixión y Muerte de Jesús

Los Misterios Gloriosos

El Primer Misterio Glorioso: La Resurrección de Jesús de entre los Muertos

El Segundo Misterio Glorioso: La Ascensión de Jesús al Cielo

El Tercer Misterio Glorioso: La Venida del Espíritu Santo sobre María y los Apóstoles

El Cuarto Misterio Glorioso: La Asunción de María al Cielo

El Quinto Misterio Glorioso: La Coronación de María Santísima como Reina del Cielo y de la Tierra

En la cuenta grande, se reza el Padre Nuestro.

En las diez cuentas pequeñas, se reza el Ave María.

Al final de cada misterio, se reza el Gloria.

Cada misterio es seguido por la jaculatoria de Fátima solicitada por Nuestra Señora:

Oh Jesús mío, perdona nuestros pecados, líbranos del fuego del infierno; lleva al Cielo a todas las almas, especialmente a las más necesitadas de Tu misericordia.

Aunque la jaculatoria anterior no sea obligatoria en el rezo del Rosario, recomendamos que sea incluida, ya que Nuestra Señora se la enseñó a los niños de Fátima; además, ella pidió que se dijera al final de cada misterio del Rosario. Nuestra Madre hizo esta petición el 13 de julio de 1917, el mismo día en que habló sobre los Primeros Sábados.

La siguiente jaculatoria es otra versión de la anterior que también puede utilizarse: "¡Oh Jesus mío, perdónanos, líbranos del

fuego del infierno, lleva todas las almas al cielo, principalmente las más necesitadas!"("Memorias de la Hermana Lucía", Monjas Dominicas del Rosario Perpetuo, p. 177). Esta es una traducción literal de las Memorias de la Hermana Lucía. El uso local puede diferir de esta traducción; sin embargo, conserva su significado original. Por tanto, se puede conservar la forma popular para evitar confusiones.

Al finalizar los cinco misterios se reza el Salve Regina (Dios te Salve).

Dios te salve, Reina Madre de misericordia, vida, dulzura y esperanza nuestra. A ti llamamos los desterrados hijos de Eva; a ti suspiramos, gimiendo y llorando, en este valle de lágrimas. Ea, pues, Señora, abogada nuestra, vuelve a nosotros esos tus ojos misericordiosos, y después de este destierro, muéstranos a Jesús, fruto bendito de tu vientre. ¡Oh clemente, oh piadosa, oh dulce Virgen María! Ruega por nosotros, Santa Madre de Dios, para que seamos dignos de alcanzar las promesas de nuestro Señor Jesucristo.

Oremos

Oh Dios, cuyo Unigénito con su vida, muerte y resurrección nos mereció el premio de la eterna salvación: concédenos, te rogamos, que meditando estos misterios en el sacratísimo Rosario de la Virgen Santa María, imitemos lo que contienen, y alcancemos lo que prometen. Por el mismo Jesucristo Nuestro Señor. Amén.

Mayores Informes

Para iniciar *Los Primeros Sábados Comunitarios*™ en su parroquia y para más información o preguntas, favor de contactar al Apostolado de Los Primeros Sábados Comunitarios.

www.PrimerosSabados.org

www.CommunalFirstSaturdays.org

Email:

info@primerossabados.org

info@communalfirstsaturdays.org

Made in the USA
Middletown, DE
26 August 2023

37314534R10096